आत्मजयी

(काव्य)

प्रकाशक/लेखक की अनुमति के बिना इस पुस्तक को या इसके किसी अंश को संक्षिप्त, परिवर्धित कर प्रकाशित करना या फ़िल्म आदि बनाना कानूनी अपराध है।

आत्मजयी

(नचिकेता के प्रसंग पर आधारित)

कुँवर नारायण

भारतीय ज्ञानपीठ

वाणी प्रकाशन : भारतीय ज्ञानपीठ की पुस्तकों
के एकमात्र प्रकाशक एवं वितरक

पहला संस्करण : 1965
बारहवाँ संस्करण (पेपरबैक) : 2024

लोकोदय ग्रन्थमाला : ग्रन्थांक 208

प्रकाशक
वाणी प्रकाशन ग्रुप
4695, 21-ए, दरियागंज, नयी दिल्ली-110 002
फ़ोन : 011-23273167, 23275710
ईमेल : sales@vaniprakashan.in

ISBN : 978-93-5775-917-5

आत्मजयी
(काव्य)
कुँवर नारायण

© अपूर्व नारायण

ATMAJAYEE
(Poetry)
by Kunwar Narain

मुद्रक : सिटी प्रेस, दिल्ली-110 095 में मुद्रित

आवरण चित्र : मनजीत बावा

Price : INR. 225/-

भूमिका

प्रथम संस्करण से

आत्मजयी में उठायी गयी समस्या मुख्यत: एक विचारशील व्यक्ति की समस्या है। कथानक का नायक नचिकेता मात्र सुखों को अस्वीकार करता है : तात्कालिक आवश्यकताओं की पूर्ति-भर ही उसके लिए पर्याप्त नहीं। उसके अन्दर वह बृहत्तर जिज्ञासा है जिसके लिए केवल सुखी जीना काफ़ी नहीं, सार्थक जीना ज़रूरी है। यह जिज्ञासा ही उसे उन मनुष्यों की कोटि में रखती है जिन्होंने सत्य की खोज में अपने हित को गौण माना, और ऐन्द्रिय सुखों के आधार पर ही जीवन से समझौता नहीं किया, बल्कि उस चरम लक्ष्य के लिए अपना जीवन अर्पित कर दिया जो उन्हें पाने के योग्य लगा।

नचिकेता की चिन्ता भी अमर जीवन की चिन्ता है। 'अमर जीवन' से तात्पर्य उन अमर जीवन-मूल्यों से है जो व्यक्ति-जगत् का अतिक्रमण करके सार्वकालिक और सार्वजनीन बन जाते हैं। नचिकेता इस असाधारण खोज के परिणामों के लिए तैयार है। वह अपने आपको इस धोखे में नहीं रखता कि सत्य से उसे सामान्य अर्थों में सुख ही मिलेगा; लेकिन उसके बिना उसे किसी भी अर्थ में सन्तोष मिल सकेगा, इस बारे में उसे घातक सन्देह है। यम से—साक्षात् मृत्यु तक से—उसका हठ एक दृढ़ जिज्ञासु का हठ है जिसे कोई भी सांसारिक वरदान डिगा नहीं पाता।

नचिकेता अपना सारा जीवन यम, या काल, या समय को सौंप देता है। दूसरे शब्दों में वह अपनी चेतना को काय-सापेक्ष समय से मुक्त कर लेता है : वह विशुद्ध 'अस्तिबोध' रह जाता है जिसे 'आत्मा' कहा जा सकता है। आत्मा का अनुभव तथा इन्द्रियों द्वारा अनुभव, दो अलग बातें मानी गयी हैं। भारत के प्राचीन चिन्तकों ने यदि इन्द्रियों को प्रधानता नहीं दी, तो इसका यह अर्थ नहीं कि उन्होंने शरीर या संसार को झूठ माना;

बल्कि यह कि उन्होंने बुद्धि और बुद्धि से भी अधिक जो सूक्ष्म हो उस आत्मा को अधिक महत्त्व दिया। वे कठिन आत्म-निग्रह द्वारा सिद्ध करते रहे कि विषयों के अधीन बुद्धि नहीं, बुद्धि के अधीन विषय हैं। शारीरिक जीवन जीते हुए भी शरीर के प्रति अनासक्त रहा जा सकता है। उनका अनुभव था कि बिना आत्म-बल के मनुष्य अपनी शक्तियों का उचित उपयोग नहीं कर सकता, चालक-विहीन रथ की तरह वह निरंकुश अश्वों द्वारा नष्ट-भ्रष्ट कर दिया जाएगा। किसी भी महान् लक्ष्य के लिए अर्पित होने से पहले अपने इस आत्म-विश्वास को पाना अत्यन्त आवश्यक है। तभी मनुष्य अपने लिए, तथा सबके लिए, निजी सुख-सुविधाओं से बृहत्तर कुछ प्राप्त कर सकता है—अपना जीवन किसी अमर अर्थ में जी सकता है। तब वह जीवन से केवल कुछ पाने की ही आशा पर चलने वाला असहाय नहीं, जीवन को कुछ दे सकने वाला समर्थ मनुष्य होगा। उसके लिए तब यह चिन्ता सहसा व्यर्थ हो जाएगी कि जीवन कितना असार है : उसकी मुख्य चिन्ता यह होगी कि वह जीवन को कितना सारपूर्ण बना सकता है। यथार्थ अब उसके बाहर नहीं, उसमें है, उससे है—अन्यथा वह कुछ नहीं है। सम्पूर्ण बाह्य परिस्थिति या तो उसकी चेतना से विकीर्ण है—चेतना जो उसके वश में है, चीज़ों के वश में नहीं—या फिर अँधेरी है। वह चाहे तो सब कुछ अस्वीकार करके स्वयं को काल को लौटा दे : चाहे तो उसे स्वीकार करके एक नया अर्थ दे।

पहली परिस्थिति में नचिकेता अपने आपको काल को सौंप देता है : अर्थात् वह दिये हुए बाह्य जीवन को अस्वीकार करता है। आन्तरिक जीवन के प्रति सचेत होते हुए भी वह अभी अपने में उस आत्म-शक्ति का विकास नहीं कर पाया है जो बाहरी परिस्थितियों से विचलित न हो। वह निराशा के उस चरम बिन्दु पर पहुँच जाता है जहाँ साधारण जीवन कोई सान्त्वना नहीं। अस्तित्व पूर्णत: निरर्थक और असार लगता है। मन की वह वीतराग दशा जब सारे भौतिक मूल्य समाप्त हो जाते हैं—अस्तित्व जगत्-सापेक्ष नहीं रह जाता। स्वयं को सोचता हुआ व्यक्ति ही एक इकाई रह जाता है जिसके सामने दूसरी इकाई है केवल एक अनिर्वच महाशून्य। वह है, और उसके चारों ओर एक सपाट अँधेरा : उस अँधेरे में ऐसी कोई चीज़ नहीं जिसमें वह अपनी चेतना को लिप्त रख सके। आत्महत्या ही

उसे एक रास्ता दिखाई देता है। भय-मिश्रित उत्कंठा उसके समस्त जीवन-बोध को आक्रान्त कर लेती है।

पास्काल का कहना था कि अनन्त विस्तार का अटूट मौन मुझे भयभीत करता है। *'यह गुम्बदे मीनाई, यह आलमे तनहाई। मुझको तो डराती है इस दश्त की पहनाई'* में इक़बाल का संकेत भी उसी 'भय' की ओर है जिसे हम जगह-जगह साहित्य और दर्शन में व्यक्त पाते हैं और जो आधुनिक अस्तित्ववादी दर्शन के भी मूल आधारों में से है। लेकिन इस 'भय' या 'उत्कंठा' का परिणाम अन्ततः निराशावादी ही होगा, ऐसा मानना भारतीय दर्शन के एक महत्त्वपूर्ण स्थिति-निरूपण को ही ग़लत समझना होगा। मृत्यु के चिन्तन से जीवन के प्रति निराशा ही पैदा हो, ऐसा आवश्यक नहीं—कोई नितान्त मौलिक दृष्टिकोण भी जन्म पा सकता है। मृत्यु की गहरी अनुभूति ने जीवन को असमर्थ कर दिया हो, इससे कहीं अधिक महत्त्वपूर्ण ऐसे उदाहरण मिलेंगे जहाँ चिन्तक की दृष्टि कुछ इस तरह पैनी हुई कि वह मृत्यु से भी अधिक शक्तिशाली कुछ दे जाने के प्रयत्न में जीवन को कोई असाधारण निधि दे गया। *बृहदारण्यक* में 'अभयं वै ब्रह्म' में विश्वास करनेवाले याज्ञवल्क्य ज्ञान के जिस आदर्श को प्रतिष्ठित कर गये वह मृत्यु से परे की चीज़ है। बुद्ध भी रोग, जरा, मृत्यु को विचारते हुए जीवन को एक ऐसा दर्शन दे गये जो उनके बाद सैकड़ों वर्षों से जीवित है। शंकराचार्य, कबीर आदि अनेक ऐसे उदाहरण मिलेंगे जिनकी सूक्ष्म अन्तर्दृष्टि मृत्यु की तीव्र अनुभूति के कारण उत्तेजित हुई। मृत्यु के प्रति निरपेक्ष भी रहा जा सकता है, जैसे जीवन के बहुत-से तथ्यों के प्रति निरपेक्ष रहते हुए भी एक कामचलाऊ जीवन-दर्शन बना लिया जा सकता है। लेकिन मैं इस भय को निराधार मानता हूँ कि मृत्यु का चिन्तन भी जीवन के लिए उसी प्रकार घातक होगा जैसे मृत्यु स्वयं। मृत्यु को सोचने का यही परिणाम नहीं कि आदमी उसके सामने घुटने टेक दे और हताश होकर बैठा रहे। वह ऐसा कुछ करना चाह सकता है जिसे मृत्यु कभी, या आसानी से, नष्ट न कर सके। मृत्यु का सामना करना, उस पर विजयी होने की कामना भी बिल्कुल स्वाभाविक है। मृत्यु से बड़ा होने के प्रयत्न में वह जीवन ही से बड़ा हो जा सकता है। लेकिन यदि हम जीवन से मृत्यु के बारे में सोचना ही निकाल दें, तो अधिक सम्भावना यही है

कि हम किसी ऐसे जीवन-दर्शन को अपनाकर चलेंगे जिसकी तात्कालिक सफलता उतनी ही आसान और कल्पनारहित होगी, जितनी वह अस्थायी होगी। अगर हम उतने ही से सन्तुष्ट हो सकते हैं जितने से मृत्यु के बारे में कभी न सोचनेवाले प्राणी हुआ करते हैं, तो मृत्यु क्या किसी भी यथार्थ के बारे में गम्भीर चिन्तन की दलील व्यर्थ है।

यह आत्महत्या का बिन्दु, जिस तक नचिकेता पहुँचता है, मुझे अत्यन्त महत्त्वपूर्ण लगा—प्राचीन तथा आधुनिक दोनों ही सन्दर्भों में। भारतीय दर्शन की तो शायद ही ऐसी कोई महत्त्वपूर्ण धारा हो जिसका प्रवर्तक इस तरह की वीतराग स्थिति से नहीं गुज़रता। मृत्यु को विचारते हुए सहसा जीवन से उपराम हो जाते हुए बुद्ध की निराशा नचिकेता की निराशा से बहुत भिन्न नहीं। इसी प्रकार *गीता* में, 'युद्ध नहीं करूँगा' कहकर अर्जुन जब हथियार डाल देता है उस समय जीवन की असारता के प्रति अकस्मात् सचेत हुए अर्जुन की वेदना का कोई अन्त नहीं। पहली परिस्थिति में, नचिकेता की ही तरह वे सब भी अपने आपको किसी-न-किसी रूप में संसार की अपेक्षा समाप्त कर लेते हैं।

हम देखते हैं कि इस बिन्दु से प्रत्येक चिन्तक लौटता है—फिर एक बार जीवन की ओर। वह फिर से जीवन को जीता है किसी ऐसे सत्य के लिए जिसे वह समझता है अमर है। यही उसका शाश्वत जीवन है, अमर जीवन है। वह सत्य 'निर्वाण' हो सकता है, वह सत्य 'ईश्वर' हो सकता है, वह सत्य 'ब्रह्म' हो सकता है—वह सत्य कोई ऐसा जीवन-सत्य हो सकता है जो मरणधर्मा व्यक्तिगत जीवन से बड़ा हो, अधिक स्थायी हो, या चिरस्थायी हो।

वे इस सार्थक अनुभूति तक पहुँचते हैं कि निजी सुख-सुविधा की खोज ही जीवन का चरम लक्ष्य नहीं। उससे कोई स्थायी सन्तोष—और एक विचारशील मनुष्य के लिए अस्थायी सन्तोष तक—मिलना कठिन है। जीवन के पूर्णानुभव के लिए किसी ऐसे मूल्य के लिए जीना आवश्यक है जो जीवन की अनश्वरता का बोध कराए। यही मनुष्य को सान्त्वना दे सकता है कि मर्त्य होते हुए भी वह किसी अमर अर्थ में जी सकता है।

आत्मजयी में मैंने केवल इस दृष्टिकोण-भर को सामने रखने का प्रयत्न किया है—किसी निश्चित दार्शनिक या नैतिक या धार्मिक

या सामाजिक मूल्य का प्रतिपादन नहीं। *आत्मजयी* मूलत: जीवन की सृजनात्मक सम्भावनाओं में आस्था के पुनर्लाभ की कहानी है।

कठोपनिषद् से लिए गये नचिकेता के कथानक में मैंने थोड़ा परिवर्तन किया है, लेकिन इतना नहीं कि आधार-कथा की वस्तुस्थितियाँ ही भिन्न हो गयी हों। कथा को आधुनिक ढंग से देखा गया है, पौराणिक दिव्य-कथा के रूप में नहीं।

अपने पिता वाजश्रवा से धर्म-कर्म-सम्बन्धी मतभेदों के परिणाम-स्वरूप अत्यन्त खिन्न नचिकेता आत्महत्या के लिए अपने को पानी में डुबा देता है। मेरे द्वारा लिये गये प्रसंग में यह अपेक्षित है कि वह वास्तव में मरता नहीं, मरने से पहले ही पानी से बाहर निकाल लिया जाता है, लेकिन अचेतावस्था में। इसी अचेतावस्था में वह स्वप्न देखता है—यम से साक्षात्कार। यम उसके अन्तर्मन में स्थित मृत्यु का ही पौराणिक रूप है। *कठोपनिषद्* में उसे तीन दिन तक यम के द्वार पर भूखा-प्यासा, यम के लौटने की प्रतीक्षा करते दिखाया गया है। लौटने पर यम अतिथि के प्रति हो गयी इस अप्रत्याशित उपेक्षा के प्रतिकार-स्वरूप उसे तीन वरदान देते हैं।

पहला यह कि वाजश्रवा का नचिकेता के प्रति क्रोध शान्त हो, दूसरा यज्ञों की नचिकेताग्नि, तीसरा मृत्यु के रहस्य का उद्घाटन। मैंने *आत्मजयी* में पहले और तीसरे वरदान के आधार पर ही जीवन-सम्बन्धी कुछ धारणाओं पर विचार किया है।

नचिकेता और वाजश्रवा की असहमति, तथा वाजश्रवा का क्रोध में नचिकेता को मृत्यु को दे देना, न केवल नयी और पुरानी पीढ़ी के संघर्ष का प्रतीक है बल्कि उन वस्तुपरक वैदिक तथा आत्मपरक उपनिषत्कालीन दृष्टिकोणों का भी प्रतीक है जिनका एक रूप हम अपने आज के जीवन में भी पाते हैं। एक ओर तो हमारी भयावह भौतिक उन्नति, दूसरी ओर आत्मिक स्तर पर वह घोर असंयम जो इस भौतिक प्रगति को अपने ही लिए अभिशाप बनाए ले रहा है। वैदिककालीन मनुष्य भी आज की ही तरह, यद्यपि आज से कहीं अधिक सीमित परिवेश में, प्राकृतिक शक्तियों को यज्ञादि द्वारा अपने अनुकूल रखना चाहता था। उसका दृष्टिकोण मूलत: वस्तुवादी था जिसकी प्रतिक्रिया में ही उपनिषत्कालीन

अध्यात्म का विकास हुआ। परोक्ष रूप से मेरे मन में यह साम्य भी था कि वाजश्रवा वैदिककालीन वस्तुवादी दृष्टिकोण का प्रतीक है और नचिकेता उपनिषत्कालीन आत्म-पक्ष का। उपनिषद् आत्मा या मनुष्य के आन्तरिक जीवन को प्राथमिकता देते हैं, यह मानते हुए कि बिना जीवन को आन्तरिक स्तर पर संयमित किये सारी भौतिक प्रगति न केवल बेकार बल्कि ख़तरनाक साबित हो सकती है। स्पष्टत: नचिकेता पर यह तर्क लागू नहीं होता कि यदि एक व्यक्ति का आर्थिक और सामाजिक जीवन सन्तुष्ट है, तो उसका आन्तरिक जीवन भी सन्तुष्ट होगा। सच पूछा जाए तो नचिकेता के सारे असन्तोष और विद्रोह का मूल कारण ही वह वस्तुवादी दृष्टिकोण है जो मृत्यु के आगे उसे कोई सान्त्वना नहीं दे पाता। नचिकेता जीवन के प्रति असम्मान नहीं दिखाता, क्योंकि उसके स्वभाव में कुंठा या विकृति नहीं। बाद में उसका जीवन को फिर से स्वीकार करना, इस बात का द्योतक है कि उसका विरोध जीवन से नहीं, उस दृष्टिकोण से है जो जीवन को सीमित कर दे।

'मृत्युमुखात्प्रमुक्तम्' खंड होश में आये नचिकेता की वे प्रतिक्रियाएँ हैं जब वह अपने जीवन को एक तरह से पूरा खो चुकने के बाद फिर से प्राप्त करता है, और यह अद्वितीय उपलब्धि उसे नये सिरे से जीने के एक महान् अवसर का बोध कराती है। जीवन को इस तरह खोकर ही वह उसके वास्तविक मूल्य का अनुभव कर पाता है। यही वह दूसरी परिस्थिति है जब एक चिन्तक एक बार जीवन से उपराम होकर आत्महत्या के बिन्दु से पुन: जीवन की ओर लौटता है। *गीता* के शब्दों में, आसक्त भाव से नहीं—आत्म-शक्ति को पूर्णत: प्राप्त करके।

ये कविताएँ *कठोपनिषद्* की व्याख्या नहीं हैं। *कठोपनिषद्* के विभिन्न श्लोकों से केवल संकेत-भर ही लिया गया है—बिना उनके अर्थ, या *कठोपनिषद्* में उनके क्रम को, कविताओं के लिए किसी प्रकार का बन्धन माने। अकसर कविताओं और श्लोकों के मन्तव्यों में बुनियादी अन्तर तक मिल सकता है, लेकिन इस अन्तर के बावजूद प्रयत्न यही रहा है कि सम्पूर्ण कृति में वैचारिक विषमता न आने पाए।

आत्मजयी में ली गयी समस्या नयी नहीं—उतनी ही पुरानी है (या फिर उतनी ही नयी) जितना जीवन और मृत्यु-सम्बन्धी मनुष्य का अनुभव।

इस अनुभव को पौराणिक सन्दर्भ में रखते समय यह चिन्ता बराबर रही कि कहीं हिन्दी की रूढ़ आध्यात्मिक शब्दावली अनुभव की सचाई पर इस तरह न हावी हो जाए कि *आत्मजयी* को एक आधुनिक कृति के रूप में पहचानना ही कठिन हो। उपनिषद्, यम, नचिकेता, आत्मा, मृत्यु, ब्रह्म... किसी भी नये कवि के लिए इन प्राचीन शब्दों की अश्वत्थ जड़ें, प्रेरणा शायद कम, चेतावनी अधिक होनी चाहिए। फिर भी मैंने यदि इस बीहड़ वन में प्रवेश करने का दुस्साहस किया, तो उसका एक कारण यह भी था कि मुझे ये शब्द वास्तव में उतने बीहड़ नहीं लगे जितना उन्हें ठीक से न समझनेवाले व्याख्याकारों ने बना रखा है। उन्हें आधुनिक व्यक्ति की मानसिक अवस्थाओं के सन्दर्भ में भी जाँचा जा सकता है, ऐसी आशा ने भी इस ओर प्रेरित किया।

यूनानी पुराकथाओं की ही तरह भारतीय पुराकथाएँ भी आरम्भ में रहस्यवादी ढंग की नहीं थीं, मनुष्य और प्रकृति के बीच बड़े ही घनिष्ठ सम्बन्धों का रोचक और जीवन्त कथा-रूप थीं। लेकिन आज हिन्दू धर्म और हिन्दू पौराणिक अतीत को अलग कर सकना लगभग असम्भव है, जबकि ग्रीक पुराकथाएँ ईसाई धर्म और यूरोपीय रहस्यवाद से लगभग अछूती रहीं। भारतीय पुराकथाओं पर परवर्ती धार्मिक रंग इतना गहरा है कि उसे विशुद्ध मानवीय महत्त्व दे सकना सहसा कठिन लगता है। ग्रीक पुराकथाओं में आदि-मानव की अन्त:प्रकृति का अधिक अरंजित रूप सुरक्षित मिलता है। इसीलिए कामू का *सिसीफ़स* या जेम्स जॉयस का *यूलिसिस* पुराकथात्मक चरित्र होते हुए भी धार्मिक चरित्र नहीं लगते—उन्हें 'साहस' जैसे नितान्त मानवीय गुण का प्रतीक मानकर चलने में उस प्रकार का धार्मिक व्यवधान बीच में नहीं आता, जैसा अवतारवाद के कारण भारतीय देवी-देवताओं के साथ आता है।

नचिकेता का प्रसंग इस दृष्टि से मुझे विशेष उपयुक्त लगा कि वह मुख्यत: धार्मिक क्षेत्र का न होकर दार्शनिक क्षेत्र का ही रहा, जहाँ वैचारिक स्वतन्त्रता के लिए अधिक गुंजाइश है। दूसरे, नचिकेता पर बाद में जो थोड़ा-बहुत साहित्य लिखा भी गया है उसकी ऐसी सशक्त परम्परा नहीं जो उसे फिर कोई नया साहित्यिक रूप देने में बाधक हो—न अब तक इस आख्यान के पुराकथात्मक पक्ष को ही इस प्रकार लिया गया है

कि वह आज के मनुष्य की जटिल मन:स्थितियों को बेहतर अभिव्यक्ति दे सके। इसीलिए मैंने *आत्मजयी* के धार्मिक या दार्शनिक पक्ष की विशेष चिन्ता न करके उन मानवीय अनुभवों पर अधिक दबाव डाला है जिनसे आज का मनुष्य भी गुज़र रहा है, और जिनका नचिकेता मुझे एक महत्त्वपूर्ण प्रतीक लगा।

आत्मजयी एक बार में नहीं लिखा गया है, थोड़ा-बहुत काम अरसे से चलता रहा है। इस बीच इसमें काफ़ी परिवर्तन हुए, और *आत्मजयी* अब जिस रूप में पाठकों के सामने है उसके पीछे कई योग्य मित्रों के समय-समय पर मिलते रहे अमूल्य सुझाव और स्नेहपूर्ण सम्मतियाँ भी हैं। मैं उन सभी के प्रति अपना आभार प्रकट करना चाहता हूँ।

कुँवर नारायण

संकेतिका

आत्मजयी

पूर्वाभास

ओ मस्तक विराट,
अभी नहीं मुकुट और अलंकार।
अभी नहीं तिलक और राज्यभार।

तेजस्वी चिन्तित ललाट! दो मुझको
सदियों तपस्याओं में जी सकने की क्षमता।
पाऊँ कदाचित् वह इष्ट कभी
कोई अमरत्व जिसे
सम्मानित करते मानवता सम्मानित हो।

सागर-प्रक्षालित पग,
स्फुर घन उत्तरीय,
वन प्रान्तर जटाजूट,
माथे सूरज उदीय,
...इतना पर्याप्त अभी।
स्मरण में
अमिट स्पर्श निष्कलंक मर्यादाओं के।
बात एक बनने का साहस-सा करती...।

तुम्हारे शब्दों में यदि न कह सकूँ अपनी बात,
विधि-विहीन प्रार्थना

यदि तुम तक न पहुँचे तो
क्षमा कर देना,
मेरे उपहार—मेरे नैवेद्य—
समृद्धियों को छूते हुए
अर्पित होते रहे जिस ईश्वर को
वह यदि अस्पष्ट भी हो
तो ये प्रार्थनाएँ सच्ची हैं... इन्हें
अपनी पवित्रताओं से ठुकराना मत,
चुपचाप विसर्जित हो जाने देना
समय पर... सूर्य पर...
भूख के अनुपयुक्त इस किंचित् प्रसाद को
फिर जूठा मत करना अपनी श्रद्धाओं से,
इनके विधर्म को बचाना अपने शाप से,
इनकी भिक्षुक विनय को छोटा मत करना
अपनी भिक्षा की नाप से :
उपेक्षित छोड़ देना
हवाओं पर, सागर पर...

कीर्ति-स्तम्भ वह अस्पष्ट आभा
सूर्य से सूर्य तक,
प्राण से प्राण तक...।
नक्षत्रो,
असंवेद्य विचरण को शीर्षक दो :
भीड़-रहित पूजा को फूल दो :
तोरण-मंडप-विहीन मन्दिर को दीपक दो :
जब तक मैं न लौटूँ
उपासित रहे वह सब
जिस ओर मेरे शब्दों के संकेत।

जब-जब समर्थ जिज्ञासा से
काल की विदेह अतिशयता को
कोई ललकारे—
सीमा-सन्दर्भहीन साहस को इंगित दो।

पिछली पूजाओं के ये फूटे मंगल-घट
किसी धर्म-ग्रन्थ के
पृष्ठ—प्रकरण—शीर्षक—
सब अलग-अलग।
वक्ता चढ़ावे के लालच में
बाँच रहे शास्त्र-वचन,
ऊँघ रहे श्रोतागण!...

ओ मस्तक विराट,
इतना अभिमान रहे—
भ्रष्ट अभिषेकों को न दूँ मस्तक
न दूँ मान...

इससे अच्छा
चुपचाप अर्पित हो जा सकूँ
दिगन्त प्रतीक्षाओं को...

वाजश्रवा

ॐ उशन्ह वै वाजश्रवस: सर्ववेदसं ददौ।
तस्य ह नचिकेता नाम पुत्र आस।

पिता, तुम भविष्य के अधिकारी नहीं,
क्योंकि तुम 'अपने' हित के आगे नहीं सोच पा रहे,
न अपने 'हित' को ही अपने सुख के आगे।
तुम वर्तमान को संज्ञा तो देते हो, पर महत्त्व नहीं।
तुम्हारे पास जो है, उसे ही बार-बार पाते हो
और सिद्ध नहीं कर पाते कि उसने
तुम्हें सन्तुष्ट किया।
इसीलिए तुम्हारी देन से तुम्हारी ही तरह
फिर पानेवाला तृप्त नहीं होता,
तुम्हारे पास जो है, उससे और अधिक चाहता है,
विश्वास नहीं करता कि तुम इतना ही दे सकते हो।

पिता, तुम भविष्य के अधिकारी नहीं, क्योंकि
तुम्हारा वर्तमान जिस दिशा में मुड़ता है
वहाँ कहीं एक भयानक शत्रु है जो तुम्हें मार कर
तुम्हारे संचयों को मार्ग में ही लूट लेता है,
और तुम ख़ाली हाथ लौट आते हो।

वह जो शाप से डाकू किन्तु जन्म से राजा है,
उसका उद्दंड सवाल—"भविष्य चाहिए : ये अधमरी गायें
नहीं!"
और तुम हमारी ओर—हम जो अभी आने वाले हैं—
सन्देह से देखते हो अपना संचय
छोड़ जाने से पहले, क्योंकि हम उसे
तुम्हारे अनुकरण से बृहत्तर कोई विशिष्टता देना चाहते हैं।

तुम भी एक प्राणी हो
सबकी तरह समय के बने
जिसे सिंहासन एक भूमिका देता है,
मुकुट एक शीर्षक,
सेना एक कर्तव्य,
स्वरक्षा एक धर्म,
सभासद एक दायित्व...
पर ये सब तुम्हें इस तरह हर लेते हैं
कि तुम्हें पहचानना कठिन हो जाता है।

कभी तुम्हें विशाल सेना के मध्य रण करते,
कभी आखेट करते,
कभी न्यायाधीश पद से मुखरित,
कभी अन्त:पुर में विलास करते
...एक साथ देखता हूँ
और लगता है कि हर जगह तुम अतिरंजित हो,
इसीलिए अवास्तविक।
तुम हर जगह भूख-प्यास वाले साधारण प्राणी हो
जिसके मुकुट और सिंहासन पर

सूर्य की किरणें इस तरह पड़ रही हैं
कि तुम दिव्य दिखते हो... पर यह सारी शोभा
सूर्यास्त होते ही बिलख उठेगी।

एक साँप उस मुकुट में छिपा है—
दोनों को अपने से दूर फेंक दो।
तुम्हारे सिंहासन के पीछे अभी-अभी
एक तीर की नोक चमकी थी।
रनिवास में यह असमय विलाप कैसा?
मनहूस काली आकृतियाँ खम्भों से लगी हुईं...
—यह सब क्या मेरा भ्रम है? या
इन्हें न देख पाना तुम्हारा?
रहस्यमय कानाफूसियाँ,
पेचीदा मन्त्र-जाप? या गुप्त मन्त्रणाएँ?
यह दान? या अज्ञात वधिकों से कोई अशुभ समझौता?
पिता,
ये सब कैसे संकेत हैं जो आश्वस्त नहीं करते—
ये कैसी स्तुतियाँ हैं जिनसे
पाखंड की गन्ध आती है?

ग़लत जीने से
सही बातें ग़लत हो जाती हैं—
सच्चाइयाँ झूठ लगतीं,
अच्छाइयाँ गुनाह,
धर्म पाप हो जाता,
ईश्वर आततायी,

प्यार रोग बन जाता,
लोग भयावह...

यह भी सम्भव है कि एक पशु दूसरे को खा जाय
यह भी सम्भव है कि एक मनुष्य...।
अस्तित्व एक घातक तर्क भी हो सकता है
एक पाशविक भावना भी—इस तरह
कि युद्ध और कलह ज़रूरी लगे,
स्वार्थ और छल से जीना मजबूरी लगे।
यदि यथार्थ है मृत्यु भी
तो मृत्यु ही यथार्थ हो जा सकती है
इस तरह कि वह जीवन पर छा जाए—
एक सम्भावना से बढ़ कर आवश्यकता बन जाए
और हम उसे रोज़ के व्यवहार में बोलें, दिखाएँ, फैलाएँ...।
एक स्तर पर
विद्वेष, क्रूरता, हिंसा, बेईमानी
सब कुछ इतना सम्भव है कि स्वाभाविक लगे,
और उसी स्तर पर हममें से हर एक जी सकता है
पागलों की तरह
एक दूसरे से त्रस्त, पीड़ित और अपमानित!

तुम्हारे इरादों में हिंसा,
खंग गर रवत—
तुम्हारे इच्छा करते ही हत्या होती है!
तुम समृद्ध होगे
लेकिन उससे पहले

समझाओ मुझे अपने कल्याण का आधार
ये निरीह आहुतियाँ। यह रक्त। यह हिंसा।
ये अबोध तड़पनें। बीमार गायों-सा जन-समूह।

''मेरी आस्था को बल दो''—कहते ही
तुम्हारा हाथ ऊपर उठता है—एक वध और,
यह अन्तिम है। इसके बाद वरदान।...

मेरी आस्था काँप उठती है।
मैं उसे वापस लेता हूँ।
नहीं चाहिए तुम्हारा यह आश्वासन
जो केवल हिंसा से अपने को सिद्ध कर सकता है।
नहीं चाहिए वह विश्वास, जिसकी चरम परिणति हत्या हो।
मैं अपनी अनास्था में अधिक सहिष्णु हूँ,
अपनी नास्तिकता में अधिक धार्मिक,
अपने अकेलेपन में अधिक मुक्त,
अपनी उदासी में अधिक उदार।

नचिकेता

तँ्ह कुमारँ्सन्तं दक्षिणासु नीयमानासु
श्रद्धाऽऽविवेश सोऽमन्यत॥

असहमति को अवसर दो। सहिष्णुता को आचरण दो
कि बुद्धि सिर ऊँचा रख सके...
उसे हताश मत करो काइयाँ स्वार्थों से
हरा-हरा कर।
अविनय को स्थापित मत करो,
उपेक्षा से खिन्न न हो जाए कहीं
मनुष्य की साहसिकता।
अमूल्य थाती है यह सबकी,
इसे स्वर्ग के लालच में छीन लेने का
किसी को अधिकार नहीं।...
आह, तुम नहीं समझते पिता, नहीं समझना चाह रहे,
कि एक-एक शील पाने के लिए
कितनी महान आत्माओं ने कितना कष्ट सहा है...
सत्य, जिसे हम सब इतनी आसानी से
अपनी-अपनी तरफ़ मान लेते हैं, सदैव
विद्रोही-सा रहा है!

तुम्हारी दृष्टि में मैं विद्रोही हूँ
क्योंकि मेरे सवाल तुम्हारी मान्यताओं का उल्लंघन करते हैं।
नया जीवन-बोध सन्तुष्ट नहीं होता
ऐसे जवाबों से जिनका सम्बन्ध
आज से नहीं अतीत से है,
तर्क से नहीं रीति से है।

यह सब धर्म नहीं—धर्म सामग्री का प्रदर्शन है!
अन्न, घृत, पशु, पुरोहित, मैं...
शायद इस निष्ठा में हर सवाल बाधा है
जिसमें मनुष्य नहीं अदृश्य का साझा है!
तुम सब चतुर और चमत्कारी!
बहुमत यही है—ऐसा ही सब करते—
(कितनी शक्ति है इस स्थिति में!)
जिससे भिन्न सोचते ही
मैं विधर्मी हो जाता हूँ—
किसी बहुत बड़ी संख्या से घटा दिया जाता हूँ
इस तरह
कि शेष समर्थ बना रहता ग़लत भी,
एक—सही भी, अनर्थ हो जाता है!

सामूहिक अनुष्ठानों के समवेत मन्त्र-घोष
शंख-स्वरों पर यन्त्रवत् हिलते नर-मुंड आँखें मूँद...
इनमें व्यक्तिगत अनिष्ठा
एक अनहोनी बात
जिसके अविश्वास से

मन्त्र झेंपते हैं, देवता मुकर जाते, वरदान भ्रष्ट होते।
तुम जिनसे माँगते हो
मुझे उनकी माँगों से डर लगता।
इस समझौते और लेन-देन में कहीं
व्यक्ति के अधिकार नष्ट होते...
अँधेरे में—"जागते रहो"—अभ्यस्त आवाज़ों से
सचेत करते पहरेदार। नैतिक आदेशों के
पालतू मुहावरे सोते-जागते कानों में : साथ ही
एक अलग व्यापार ईमान के चोर-दरवाज़ों से।

मनुष्य स्वर्ग के लालच में
अकसर उस विवेक तक की बलि दे देता
जिस पर निर्भर करता
जीवन का वरदान लगना।

मैं जिन परिस्थितियों में ज़िन्दा हूँ
उन्हें समझना चाहता हूँ—वे उतनी ही नहीं
जितनी संसार और स्वर्ग की कल्पना से बनती हैं
क्योंकि व्यक्ति मरता है
और अपनी मृत्यु में वह बिल्कुल अकेला है,
विवश
असान्त्वनीय।

एक नग्नता है नि:संकोच
खुले आकाश की

शरीर की अपेक्षा।
शरीर हवा में, उड़ते वस्त्र आसपास;
मैं किसी आदिम निर्जनता का असभ्य एकान्त
जितना ढँका उससे कहीं अधिक अनावृत...
घातक, अश्लील सचाइयाँ
जिन्हें सब छिपाते
पर जिनसे छिप नहीं पाते।
इन्द्रासन का लोभ,
प्रत्येक जीवन,
मानो किसी असफल षड्यन्त्र के बाद
पूरे संसार की निर्मम हत्या है।

एक आत्मीय सम्बोधन—तुम्हारा नाम,
स्मृति-खंडों के बीच झलकता चितकबरा प्रकाश।
एक हँसी बन्द दरवाज़ों को खटखटाती। सुबह
किसी बच्चे की किलकारी से तुम जागे हो, पर
आँखें नहीं खोलते। उसके उत्पात ने तुम्हें विभोर
कर दिया है : पर, नया दिन, आलस्य की करवटों से
टटोलते—तुम नहीं देखते कि यह दूसरा दिन है,
और वह बालक जिसने तुम्हें जगाया, अब बालक नहीं।
प्यार अब पर्याप्त नहीं।
न जाने कितनी वृत्तियों में उग आया, वह
तुम्हारा विश्वबोध और अपना।
भिन्न, प्रतिवादी, अपूर्व...
अब उसे स्वीकारते तुम झिझकते हो,
उसे स्थान देते पराजित,
उसे उत्तर देते लज्जित...

वाजश्रवा का क्रोध

...मृत्यवे त्वा ददामि...

तैयारियाँ जिनसे घेर कर तुम अपने को
कृतार्थ समझ रहे :
ये विधान और प्रणालियाँ—जिनके पार
तुम मुझे तुड़े-मुड़े-से दीखते...
देखो मुझे भी—
तुम जिन वस्तुओं को प्रिय या अप्रिय कहते
यदि केवल उनमें हूँ
तो मुझे भी त्याग कर
मुझसे श्रेष्ठतर कुछ माँगो!

लेकिन यदि तुम्हारे अनुसरण से भिन्न भी
मेरी कोई सत्ता है
तो उसे आक्रान्त मत करो। अवसर दो
कि वह पनप सके प्रसन्न
खुली धूप और ताज़ी हवा में...
उसे अपनी शक्ति से नष्ट मत करो,
उससे शक्ति ग्रहण करो, क्योंकि तुम्हें
अभी उसके द्वारा भविष्य में भी जीना है,—

केवल उस तक ही समाप्त नहीं हो जाना है
जिसके आगे केवल मृत्यु है—जीवन नहीं!
देना ही है तो...

"मृत्यवे त्वा ददामि!"—अकस्मात् वज्र-वाक्य।
क्रुद्ध वाजश्रवा के वे क्रोध से धधकते शब्द,
नचिकेता के कोमल अन्तस् पर
छाप-सी झुलस आयी—"मृत्यवे त्वा ददामि..."

शब्द मात्र...
शाप की शक्ति से कहे गये!
शब्द मात्र,
विषाद के चरम क्षणों में सहे गये।

बाहर नहीं है संघर्ष यह।
द्वन्द्व, प्रतिद्वन्द्व,
घात, प्रतिघात
कहीं अन्दर है।
यह समस्त विश्वरूप
जो कभी कुरूप कभी सुन्दर है,
बाह्य नहीं—
मानव का उथल-पुथल अन्तर है।
आत्मा गगनस्थल

जहाँ तारावत् ऊर्जा की स्फुलिंग अणुगतियाँ
अंकित हैं।
नसों के रक्त-पथ-से उलझे
परस्पर—प्रतिकूल—अनुचित—अनुकूल—
हम इस तरह अप्रासंगिक-से व्याप्त एक दूसरे में,
निपात एक दूसरे पर,
रेखाएँ—एक से निकलतीं दूसरे को काटतीं,
एक से छीनतीं दूसरे को बाँटतीं,
कहीं से शुरू होतीं कहीं मिट जातीं,
जहाँ से निकलतीं वहीं लौट-लौट आतीं,
इस तरह
मानो हम सिद्ध नहीं—संशय हैं!
अनायास असंख्य
संघातक रेखाओं की निष्फल हिंसाएँ।
चीज़ों से अनुशासित चीज़ों का प्रत्यय हैं।
गुप्त, नष्टधर्मा प्रवृत्तियों से परिचालित
छीन-झपट करते कठपुतलों का अभिनय हैं।

आह, तुम अपनी समझ के बीमार तर्कों की
किसी एक दिशा में समाप्त।
जीवन को अपने स्वार्थ के उच्छिष्ट से अधिक न प्राप्त।

पिता,
तुम और तुम्हारी दुनिया
एक दूसरे की थकी हुई प्रतिक्रिया में युगों से रूढ़,
बासी-सी लगती है। सीमित कुछ लोगों तक

तरसाई-सी लगती जीवन की अतुल राशि।
कार्य-क्रम, आय-व्यय, रीति-नीति—
पेचीदे व्यवहारों की दुनिया,
सिद्ध नहीं विकृत स्वभावों से निष्कासित,
जीने से पहले ही बीती-सी लगती है।

स्वजनो,
तुम्हारी इस रचना में केवल प्रपंच मात्र, शक्ति नहीं,
क्योंकि तुम ख़ाली हो
फूहड़ इच्छाओं की बेक़ाबू भीड़-भाड़,
अनियत कुस्वप्न कई आपस में टकराते।

तुम्हारे अनुष्ठानों ने किसी धर्मकांड बीच
दैवात् मुझे एक टेढ़े सवाल-सा जन्म दिया,
कई सिरोंवाले विलक्षण बालक समान।
अपव्रत, देवनिद्...
चिल्ला कर सहस्रों पुरोहित-भुजाओं ने
मुझको निषिद्ध मान
फेंक दिया जीवन के बाहर वीरानों में।

लोभ के वशीभूत गद्‌गद श्रद्धाओं के मेले में
भीड़ के प्रपंच बीच शंकित जिज्ञासु एक—
अशुभ उपस्थिति हूँ!

मैं अपनों के हठान्त सत्यों से दंडित हूँ।
उनके विमूढ़ विश्वासों से हारा हूँ
उनकी नादानी से
कुछ ऐसे अपराधी साबित हूँ
मानो अपना ही हत्यारा हूँ!

जीवन में यह कैसा कुटिल द्वैध?
ये कैसे विधान—निर्भय जीना अवैध?
जीवित हूँ? या केवल अपहृत हूँ?
संज्ञा हूँ? या केवल व्यवहृत हूँ?
क्यों इतना ऊहापोह
यदि अनुकृति मात्र हूँ तुम्हारी?

नहीं, नहीं,
मैं शायद धर्म से प्रवासी हूँ—
जन्म से अस्वीकृत हूँ...

दरवाज़े,
बाहर,
औ' विदा-नेत्र
अविकल अगोरते—
जैसे कहीं जाना है।
बालक का अनायास दौड़ना,
क्योंकि पाँव हैं
पाँवों में शक्ति है।
लक्ष्य नहीं—साधन पहुँचने के

प्रेरक हैं : गति के संकेत—
रिक्त राहों की बाँहें बुलाती हैं।

धर्माधिकारी,
इन प्रासादों के वासी!
इन मिथ्या सत्यों से अब मुझको मुक्त करो।
मैं युग-निर्वासित हूँ।
आजीवन वनवासी।
राजपाट परित्यागी।
भटक रहा किसी ध्येय विविध पन्थ संन्यासी।
घर से बहिष्कृत हूँ।

वे जिनसे पाया
नगण्य सुख-साधन कुछ...
दान मिला,
दान से अधिक एहसान मिला
वे जिनको प्यार दिया जीवन को ख़ाली कर
उन्होंने दया की,
मुझ पर उपकार किया,
वे सब समृद्ध रहे अपने में,
लेकिन मैं रीत गया आत्मा को व्यय करके,
बदले में केवल एक कुंठा संचय कर।
सोचा था जिनको—ये मेरे हैं मैं उनका हूँ
वे केवल अपने थे,
विश्वासी आँखों के कुछ मिथ्या सपने थे।

जैसे यह धूप हरे खेतों पर
अनायास दो-पहर ज़िन्दगी उड़ेलती,
ठंड से ठिठुर रहे तलुवों को सेंकती...
जैसे वह नदी-नदी चली गयी पगडंडी,
सूना पथ,
आसमान,
मँडलाती एक चील... इतना हूँ...
जो सबके होकर भी नहीं हैं किसी के भी
अब शायद उनका हूँ।

जैसे पत्तियों का खड़कना,
या बिजलियों का कड़कना...
आवाज़ें, पर अर्थ नहीं।
जैसे बुलाते हुए आकाश
पर न पहुँच पाते हुए सागर की विशालताएँ
एक दूसरे को पाने में समर्थ नहीं।
लोगों के बीच
यूँ ही जीवित हूँ क्या—केवल गँवाया हुआ?
किसी को उपलब्ध नहीं,
बेबस भटकाया-सा जन्म-जन्मान्तर
सपनों की असंख्य पेंचदार गलियों में?

जैसे निम्न घाटियों को नदी
पहाड़ों की आशिष हो,
और सागर किसी गहरी ममता का महा-कोष
लुटने के लिए फैला हुआ
कि कोई उसे पा जाय।
जैसे संगीत का एक अद्वितीय पल
अँधेरे में धीरे-धीरे घुल रहा हो
और तारों के हज़ारों फूल
उस साधना की कभी न हाथ आनेवाली
दूरियाँ, शान्तियाँ हों...

जैसे एक अतिरिक्त आत्मा
अपने को पहचानने की कोशिश में
इनसे कुछ पूछना चाहती है :
ऐहिक प्रयोजनों के दैनिक अपव्यय से
अपने को बचा कर
ऐसी विपुलताओं में बस रहना चाहती है!

उन उपत्यकाओं में
वहाँ जहाँ लहरें हैं
और टूटने से पूर्व
हवा में छटपटाते पत्तों की
छिन्न-भिन्न छाया,
कोई था
जिसके पास कोई नहीं आया।

एक लम्बी सज़ा बाद
पहचानी गयी कोई बेगुनाह सच्चाई
जो बन्द थी
भीतर के अँधेरों में कहीं...

दुःख झूठा है (दुविधा में)
क्योंकि घड़ियों की प्रतीक्षा
किसी भी पल पूर्ण होती हुई
अभी-अभी
मुझ समेत उन सबको पा लेगी
जिनमें मेरी असंख्य समाप्तियाँ हैं!

नचिकेता का विषाद

उस रात विचित्र स्वप्न देखा नचिकेता ने...

कोई अजीब-सा मन्त्र जाप पूरा कर के,
नवजात एक शिशु को समुद्र में फेंक दिया
अज्ञानी किसी पिता ने।
वह बालक बहता रहा आयु के सागर पर।

सहसा उस शिशु को बोध हुआ—
वह युवक—भयानक प्रलय बाद—
तैरता अँधेरे तूफ़ानी जल पर हताश।
आक्षितिज खौलता-सा रक्तिम सागर उजाड़,
पाँवों में सागर बँधा हुआ,
बाँहों में लहरों के पहाड़...
संघर्ष—न जिसका आदि-अन्त,
प्रारब्ध—न जिसका आर-पार...

सहसा आशा की एक किरण...।

प्लावनकारी जल का आतंक फोड़ता-सा
बाहर निकला कुछ दूरी पर

छोटा-सा द्वीप—गरजती लहरों से लड़ता।
तट पर दीखा नचिकेता को
कोई टूटा-फूटा मन्दिर,
अन्दर प्रतिमा-सी दिव्य
—एक तारा जैसे अँधियारे में
देता प्रकाश धीमा-धीमा।

पा नयी शक्ति
नचिकेता बरबस बढ़ा उधर,
लेकिन उससे भी तेज़ी से जल बढ़ता था।
प्रतिमा से आती रही किन्तु
वह क्षीण किरण
प्रतिक्षण
मानो भय बीच विसंगत करुणा से
रेखांकित करती हुई मरण!
नीले जल पर काँपती रही
उसकी लथपथ पीली छाया,
पर उसी एक इंगित से मानो बँधा हुआ
नचिकेता
मन्दिर के नीचे तक बह आया।

सामने एक गूँगा प्रतीक
निर्वाक् शिला—वह मूर्ति अचल,
असमर्थ रहस्य—चिह्न केवल
नीचे पूर्तनत् लहराता था प्रलयंकर जल।

सीढ़ी-सीढ़ी जल से बचता,
देवता-मूर्ति की ओर डरा
नचिकेता ऊपर बढ़ता था...

पीछे-पीछे हत्यारे पशु-सा दबे पाँव
जल चढ़ता था।
अन्तिम सीढ़ी! कोई न दूसरी राह देख,
घबराकर वह उस देवमूर्ति से लिपट गया।
प्रार्थना : एक युग उसी तरह
शायद संशय में बीत गया :
देवता और विश्वास एक हो गये, किन्तु
वह भ्रम भी आख़िर रीत गया...

जल उन्हें डुबाता और बढ़ा,
फूलता
क्रुद्ध साँसें लेता,
दोनों को अपने जबड़ों में भींचे लेता...
व्याकुल हो कर
सुध-बुध-विहीन
रख पाँव मूर्ति के कन्धों पर
हो गया खड़ा फिर नचिकेता!
सहमा सहमा
बिल्कुल निराश
वह पल भय से भी आगे का...
दमघोट भयानक सपनों से भी कहीं कठिन
तम के यथार्थ में जागे का!

खोखला दर्द,
गहरा विराग,
बस, 'होने' भर का थका ज्ञान।
अनुभूतिहीन
वह उतरे हुए नशे-सा जीवन बियाबान।

ऊपर निर्हेतुक सूनापन पागल करता,
नीचे से उठता हुआ सिन्धु,
अपने विश्वासों के कन्धों पर खड़ा हुआ
जीवन का एक हताश बिन्दु।
चेतना-केन्द्र, चिन्तित मनुष्य
भयभीत अधर में टँगा हुआ,
अस्तित्व—मरण के अधरों से
कुछ बचा हुआ कुछ लगा हुआ...

वह चरम बोध का स्वावलम्बी अद्भुत क्षण—
तम में आकुल
सन्नाटे में स्पन्दित
ऊर्जस्वी जीवन-कण।
सब कुछ असृष्ट,
सब कुछ प्रतीक्ष—सन्दर्भहीन,
सम्पूर्ण परिस्थिति एक चेतना से विकीर्ण,
आद्यन्त—
अपरिमित—
तहस-नहस संसार विलय,
आश्रित बस एक चेतना पर विस्तार, समय।

वह मानो किसी आदि कारण का सृष्टि-बीज
अकुलाता गूढ़ अँधेरों में,
भवितव्य-विकल तेजस् तारा
घूमता चमकते घेरों में...

देर तक हवाएँ उसके निजत्व से खेलती रहीं,
उसके अकेलेपन से बोलती रहीं,
उसके आस-पास डोलती रहीं।
आते-जाते लोग आते-जाते रहे,
न जाने किन अस्पष्ट संकेतों से बुलाते रहे
कि मन केवल उदास होता गया।
लगता था किसी भविष्य की कमी है
अन्यथा वह सब जी उठता
जो केवल था। एक पथ-भ्रष्ट समारोह
किसी महानतम अवसर की प्रतीक्षा में—
उदास कि वह शायद कभी न आए!
आसान और सम्मानित जीवन जिया।
फिर क्यों इतना खेद? मानो पाप किया!

सोयी घाटियों की भीतरी अशान्ति,
पंछियों की उनींदी अथाह बोलियाँ—
अकस्मात् गहराइयों से छूट कर

सतह पर तैर आते बुदबुदों-सी।
तारे मन मारे
सहस्रों सन्दर्भों में
एक-एक भाव का नीरव विन्यास,
समझ नहीं पाते हैं बेचारे...

जागते
रात और रात हुई,
तारे और तारे।
गुप्तचर चेहरे
हज़ारों की ख़ाली निगाहों से
झाँक कर लौट गये।
रिक्त वह
नागपाश नींद की लपेटों में बँधा हुआ
बूढ़े जलाशय की अटपट कथाओं में जिया किया,
महलों में निर्वासित राज किया।

सीमान्त तक चक्करदार प्राचीरें,
वेष्टित उनमें सूत-सूत जागीरें।
पिरोयी आँखें सदियों से रोतीं नक़ली आँसू,
कहीं गहराइयों में बन्द असली मोती
हँसते धीरे-धीरे।
संकुचित—और संकुचित होती गयीं
वे दीवारें, जो जन्म के समय अनन्त थीं।

अन्ततः भूगर्भ का जघन्य सन्नाटा,
साँप की तरह लोटती जड़ें
अतुल धन-राशि से नीली लाश तक
मृत्यु की अतिदर्शी आँखें बचा कर।
भोग कर फेंका हुआ शरीर—
बीजों का छिलका,
नमी सोख कर फूलता
और फूल कर बिल्कुल सूख जाता।

एक आँख और कई भुजाओंवाली चतुर माया
उसे कुछ पूछने नहीं देती :
किसी आकर्षक जन्तु की तरह रोज़
उसे अपने पंजों में कसती
और चूस कर छोड़ देती।

उसकी निरपराध आँखों के अवसान में प्रति दिन
एक सूर्य की बलि दी जाती,
और वह उस व्यर्थ वेदना की
छटपटाती पराकाष्ठा से गुज़रता—
बिना अस्त हुए
बिना शान्ति पाये।

एक अन्तिम साँझ अभी शेष है
साक्षी उन दिनों की जिन्हें उसने

किसी तरह जीवित रखा
निरन्तर सींच कर आत्मा के रक्त से!
समिधा में किरणों की चमचमाती बर्छियाँ
उसे सैकड़ों निरीह टुकड़ों में काट कर
स्वाहा कर देती हैं...
किन्तु वह मरता नहीं,
गृहीत हो कर
अतल जल के धधकते हुए दीर्घ सायंकाल में
असंख्य मछलियाँ बन जाता है—
और वध किया हुआ सूर्य डूब कर
पुनः उसकी ही दुनिया में उदय होता है।

प्रलोभन

...कामानां त्वा कामभाजं करोमि।

पूर्वाभास—प्रीति। यह किन अकुलाहटों से
जन्मता अस्फुट अस्ति-बोध
कि मैं फिर नया हुआ हूँ?
क्या तुमने मुझे इतने आदिम आधार से चाहा?—
इतने आरम्भ से अपनाया
कि पशुत्व भी प्रीतिकर लगता?
तुम्हारी वासना से कुछ इस तरह इच्छित होता हूँ
मानो प्रकृति मेरा नहीं
तुम्हारा प्रतिरूप है
विपरीत दिशाओं में एक साथ
सुन्दर और असुन्दर
जिसे नियम देने का हठ ही अनुचित है!

कई पहचानों के बीच भूल गया था
उस एक पहचान को
जिसकी तुम मुझे याद दिलाती हो...
प्यार करते

इस तरह अपनाती हो
कि जैसे मैं वापस मिला हूँ
तुम्हें ही नहीं अपने को भी बहुत दिनों बाद,
किसी परित्यक्त क्षण से
पुनः एक अमूल्य अनुभव में परिणत हुआ...

दुलार कर मेरी वासनाओं को
तुमने कहा था—
''सो रहो चुपचाप मुझसे लग कर,
अँधेरा बदल जाएगा। सवेरे
मुझे भूल जाना, या
इस तरह सोचना
जैसे मैं स्वप्न में चाही गयी थी—
यह तुम्हें मुक्ति देगा।
मैं तुम्हारी माया बनूँ,
मुझे बस इतना ही सम्मान दे कर भूल जाना।
मैं शायद फिर भी उग सकूँ
मिट्टी से रसत्व की ओर...''

''कौन हो तुम? तुम्हारी अकुलाहट
मुझमें कहीं बेचैन है!
तुम चेहरा नहीं हो, केवल एक भूख हो
जिससे एक चेहरा बनता है
और मेरी पहचानने की शक्ति को
आश्वस्त-सा करता। भूख और चेहरा
मिल कर मेरे चारों ओर कोई जंगली उत्सव मनाते हैं
रक्त के साक्ष्य में!''

सहवास से पहले झिझकती हुई आत्मा :
तत्पर शरीर के कण-कण में लपकता काम-वेग...
सृष्टि-कन्या,
यह प्रतिक्षण माँग,
मैं पुरुषत्व।
मोहित काम परवश
ललचता है एक मुद्रा से...

निविड़ आधी रात की नक्षत्र वेला।
देह के अश्लील आकर्षण
थमे संकेत सहसा स्पष्ट होते जा रहे हैं।
समर्पण की
ग्रहण की यह लग्न-स्थिति
मुझे मुझसे छीनती है,
और अब मैं दूसरा वह—जो नहीं था—
दूसरे में पुनः ढलता हूँ;
नया संस्कार बनता हूँ?—
कि अन्धड़ में फँसे पत्तों सरीखा
धूम-सा मच कर
अचानक धूल-सा संक्षिप्त हो जाता?
कि मेरी चेतना मानो किसी अन्धी गली में
नींद-डूबी एक बर्राहट सरीखा विघ्न था
जिसको अकेली दूरियों की युगों लम्बी रात
बढ़ कर सोख लेती है?
शिलाएँ? या जल-डूबी चिकनी जंघाएँ?

ज्वार? या अधीरता सागर की?
छपकते जल-हर्ष की प्रतिध्वनियाँ थीं कन्दराएँ—
सोतीं जहाँ सुखी अब
नीली गुप्त रोशनी में
नग्न जलपरियाँ...

तृप्त तट से हटा
उदास अकेला सागर।
कहीं गहरे
उसके असन्तोष ठहरे।
वह जो बीत गया
निष्प्रयोजन-सा एक सुख—
जहाँ से अभी-अभी समाप्त हो कर
लौटा वह अनर्थ और बेस्वाद
मानो कुछ पा कर नहीं—खो कर :
ज्वार के बाद
तट को छूते सकुचाता सागर...

वह दूसरा कोई अपने को सोचता
जीवन से स्थगित किया हुआ,
मरा नहीं
किन्तु फ़िलहाल पूरी तरह चुका हुआ—
इसमें न दर्द न उत्साह की तीव्रता,
केवल एक सपाट फीकापन
होना
उसी तरह जैसे आकाश का सूनापन।

बाँहों पर बिखराये केश-राशि।
नींदती निशा-भरी। विलास-श्लथ
उठ चली।
फूल वक्ष पर पिसे, विहार रात्रि...
शान्ति—एक खोज थी अधर-समीप।
आह, किन्तु यह विषाद देह के समीपतर!
एक तृप्ति मृण्मयी
विषण्ण-मुख मरीचिका,
व्यतीत कर मुझे
अथाह प्यास में बुझा गयी।

इस नंगी चपलता को गले से लिपटा कर
मैं केवल विगलित होता हूँ—शान्त नहीं,
अर्थ देता हूँ शायद—अर्थ पाता नहीं।
इस संयोग के प्रत्येक रोमांच से
घटित तो होता हूँ, पर 'कृतार्थ' नहीं।
यह तृप्ति केवल एक चकाचौंध है
जिसके अवशेष में मैं
बन्द कोठरियों का सीला अँधेरा,
एक डरा हुआ असहाय परिणाम,
किसी नाकाम उड़ान का टूटा हुआ पंख
जिसमें आकाश की मर्यादा थी...

आह, इतने पाशविक हो कर न चाहो कुछ
कि मानव-प्रीति जैसी शक्ति भी
संकुचित हो जाय,

हमारा प्यार
केवल वासना जी कर
सदा को रिक्त हो जाय।

इस अनुभूति को
कोई बृहत्तर नाम दो,—
कि हमने नष्ट होने से बचाया उसे
जिससे कभी हमने अर्थ पाया।
बूँदों का बालकीय उपद्रव थम चुका।
यह मेरा अभिमान
शेष परिणाम—तुमसे बच गया मैं,
अटूट मेरा आत्मसम्मान।
हृदय से उठती हुई मुस्कराहटें
आँखों तक आते-आते नम हो जातीं।
अच्छा होता कि प्रतीतियाँ कुछ और बढ़तीं,
चाहे ज़िन्दगी कुछ कम हो जाती।

रक्त में गूँज है इच्छाओं की, परन्तु
हर चेहरा केवल कमियों से परिपूर्ण!
मैं ललच नहीं पाता,
अतः वंचित हूँ। कुछ मैं ही ज़िन्दा हूँ ज़्यादा?
कुछ ज़्यादा अपूर्ण?

जैसे बादलों ने ख़ाली कर दिया हो आकाश
सूर्योदय के लिए...

सब कुछ एक निरभ्र वन्दना है
आत्म-विजय के लिए।
देखो, ये उज्ज्वल दिशाएँ
कितने सजीव उल्लास से भर गयी हैं।
मेरी अपवाद पीड़ाओं के स्पर्श से कहीं
कुम्हला न जाय यह खिला क्षण—
लाओ इसे तोड़ कर बहा दूँ सूर्य की ओर!

वे जो लौट गयीं केवल छू कर मुझे—
छीनती हुई परायी इच्छाएँ
जिनकी व्याकुल माँगों से
मैं विचलित नहीं, वंचित होता रहा :
बाल-बाल बचा गयीं मुझे
उन तमाम परिस्थितियों में बँट जाने से
जिनके आतंक, आग्रहों और आकर्षणों से गुज़र कर भी
मैं घटा नहीं, संचित होता रहा।

लगता है जैसे मैं यहाँ नहीं
कहीं और जिया गया हूँ।
अपने लिए व्यय होने से पहले ही
किसी और हित माँग लिया गया हूँ।
सुखी जी कर ही सन्तुष्ट नहीं होता।
बाँध सकनेवाली कड़ियाँ बिखर गयीं।
एक भटकती चिन्तनशीलता
जिसके लिए आजीवन कारावास तक की सुरक्षा नष्ट हो चुकी

अब मुक्त है किसी भयानक बाह्यता में,
क्योंकि अब वह जिसके बाहर है
वह बाहर भी मृत्यु की ही तरह
अन्तिम कुछ लगता है!

इन वेदनाओं की तहों तक
मुझको उतरने दो।
नहीं—ये विश्वास अस्वीकार।
केवल सरलताएँ?—अभी तो अग्राह्य।
कोमल आश्वासन—कठिनतम सन्देह!
मन्त्रों, दर्शनों से—
पूज्य वाणी, गुरु-मतों से—
खोज-उन्मुख साहसिकता को दबाने में
ज़रा संकोच होता है।
न जाने क्यों
व्यथाओं को बिना समझे हुए छल कर
हृदय को सोच होता है।

मैं क्या हूँ?

बहूनामेमि प्रथमो बहूनामेमि मध्यमः...

विवश होते हुए या अपमानित,
लज्जित होते हुए या पराजित,
दुःखी होते—विमुख होते—सजग होते,
कभी सबमें, कभी सबसे अलग होते...
अनुभव करता हूँ इन सबके पीछे
कहीं कोई बृहत्तर योजना जिसमें
मानो किसी अज्ञात हितैषी का हाथ है,
कि जैसे वह निर्लिप्त होते हुए भी
निरपेक्ष नहीं—उसकी कृपा-सी साथ है।

क्योंकि पत्थर हैं
इसीलिए लहरें गाती हैं।
क्योंकि रात है
इसीलिए तारों को हँसी आती है
वे जिन्हें मेरी चिन्ता थी
अब निश्चिन्त हैं :
शायद इसीलिए अब

मेरे प्रयत्नों की दिशाएँ अनन्त हैं।
हवा की थपकियों में दिल
अब सो जा...।
हम जिन अर्थों में स्वार्थी हैं
उन्हीं अर्थों में शरणार्थी।
मुझे किसी विशालतर अर्थ में
उदास रहने दो।
तृप्ति नहीं यौवन तक,
इतनी प्यास रहने दो
कि आद्यन्त जी सकूँ।

इस संशयित जीवन-निष्ठा को अनष्ट
वनों वीरानों से हो कर
सागर की विशालता तक बह जाने दो...
किसी तरह,
इतनी आसानी से हार जानेवाली
इस पंचभूत सुखाग्रही पशु-प्रकृति को मर जाने दो।
भस्म होते शायद
कोई प्रकाश उपलब्ध हो,
इस प्रपंच से छूटते
इतनी मुक्ति कि विरक्त भी जी सकूँ...

सारा और सारांश जीवन
केवल मेरे लिए सूना है
क्योंकि दृष्टि है—केवल आँखें नहीं।
जिन दिशाओं में संसार होते
उनमें आत्माएँ बन्धक हैं।

मैं, मृत्यु-वश,
उनका नहीं हो सकता—
उनसे विविक्त हूँ।
ऐसा लगता कि मेरे चारों ओर
केवल प्रतिबन्ध हैं—जीवन नहीं,
लोग हैं—सम्बन्ध नहीं,
वाणी है जो बाँधती नहीं,
बुद्धियाँ हैं जो जानतीं नहीं।

मेरी नींद—मेरा आस-पास है,
मेरी जागृति—एक व्यथा का आभास है।
संसार आग्रह किसी स्वप्न का—
जो मुझ पर ही आश्रित है—
जिसमें मैं बसा नहीं, किन्तु वशीभूत हूँ,
मानो मैं बुना नहीं—एक अलग सूत हूँ—
छूते ही चीज़ें मुझमें से छन जातीं
और मैं विपर्यस्त हवाओं की तरह
सर्वत्र बिखर जाता हूँ।...

राग, रंग, भाव, स्पर्श,
रूप, गन्ध, मोह, रस...
ये दिखती इच्छाएँ स्वप्न-सी अधूरी हैं—
मुझसे उत्पन्न और मुझमें विलीन
एक निद्रा-भर मेरी हैं।—
लेकिन मैं क्या हूँ?
मैं क्या हूँ?
मैं क्या हूँ?

ये चीज़ें मेरी हैं।
सम्बन्धी मेरे हैं।
धरा, धाम, सखा, बन्धु,
पिता, नाम, वर्तमान...
मुझमें हैं—मुझसे हैं—मेरे हैं—

अनजाने, पहचाने, माने, बेमाने...
सब मेरे हैं—मैं सबका हूँ—
लेकिन मैं क्या हूँ?
मैं क्या हूँ?
मैं क्या हूँ?
टूटी बाँहें पसार
शैल-मालाओं के क्षितिज पार
बरस चुके मेघों का क्षत-विक्षत सूनापन
रंगों में चिल्लाता?—
एकाकी, अपने से बहुत बड़ा उत्पीड़न
तड़प रहा जिससे सम्पूर्ण गगन,
अपने को अपनी ही सुन पड़ती पुकार?

चारों ओर लौह-मौन गुम्बद-सा अन्धकार
जिसकी दीवारों से टकराती आवाज़ें ये
केवल सन्नाटे को और झनझनाती हैं।
लौट-लौट आती हैं मुझ तक ही
ये सबकी प्रतिध्वनियाँ—
मैं क्या हूँ?
मैं क्या हूँ?
मैं क्या हूँ?

ये असाध्य दूरियाँ जिनका मैं आदि अन्त,
जिनमें भटकता मैं अधसोया, अधजागा...
अपरिहार्य छलनाएँ—मैं जिनका घर हूँ,
आकांक्षाएँ—मैं जिनका पर हूँ—
जो अपने से ही धोखा खातीं,
अपनी असफलताओं से मुँह छिपातीं।
जो प्रतिदिन शाम के झुटपुटे में
मुँह डाल कर सो जाती हैं,
और पौ फटते ही अकेलों की
अथाह भीड़ में खो जाती हैं।
संसार पर आरोपित मैं—एक झिलमिलाता बिम्ब
अपनी ही चेतना से विकीर्ण,
अपनी ही मिट्टी से अँधेरा,
चमकते रजकणों के अकुलाते अन्धड़-सा
मैं क्या हूँ?
मैं क्या हूँ?
मैं क्या हूँ?

आत्महत्या का प्रयत्न

सस्यमिव मर्त्यः पच्यते सस्यमिवाजायते पुनः ॥

एक घर
जिसमें न दरवाज़े
न बाहर निकलने के रास्ते,
केवल दीवारें
पेंचदार अन्धे गलियारे,
और एक सहमी आवाज़ का
दबे पाँव पीछा करते
हत्यारे!

जिधर भागे
उधर आगे पहले ही से एक कठिन अनिश्चय,
पीछे आ खड़ी होती एक नयी दीवार
जो पहले न थी,
एक डरावनी छाया
और हिचकते पाँवों को
धमका कर आगे ढकेलते
घातक इरादों के निर्मम इशारे।

किसी ओर फाँद जाने को जी चाहता है।
चाहे खाई हो, चाहे आग, चाहे जल—
क्योंकि उन सबसे
कहीं अधिक भयानक है यह छल
जो न जीवन न मृत्यु,
केवल एक दुविधा है दोनों के सहारे।

जड़ें फूलों की आँखों से संसार को देखती हैं।
एकान्त
और सबको चाहनेवाली हवा
धीरे-धीरे बहती
कानों में कुछ कहती
कन्धे पर हाथ रखे साथ-साथ चलती है।

अवज्ञा—
इस दर्द मन ने क्षमा जानी।
उपेक्षित—
अयथार्थ हूँ ऐसे कि मानो अजनबी हैं लोग
पर वीरानियाँ पहचानती हैं!

वे पराये लोग जिनकी अमानत था,
परस्पर टूटे हुए-से
किसी घातक वाक्य के आघात से...

परछाइयों की जालियाँ हिलतीं।
अपाट, अन्धी खाइयों से निकल
दंग ऊँचाइयाँ बेसब्र
मुझसे गले मिलतीं।
पत्थरों के तले का इतिहास करता अट्टहास।

वधस्थल के निकट
हम सब पशु समर्पित हैं
किसी भी क्षण—
किसी भी क्षण—

दल के दल उमड़ते
तड़प कर दम तोड़ देते अँधेरे बादल।
पहाड़ी पर बरसते
बूँद बन कर ख़ून से तारे? कि गिरते
खिलखिलाती बिजलियों से टूट अंगारे?
बिलख कर लोप हो जाते
सहस्त्रों हर्ष-क्षण-तारे।

खड्ड में मदमत्त सागर
बेतहाशा आँधियाँ पी कर
गरजता, झूमता, उठता,
लहरता, लोटता तीखी कगारों पर।
कड़क कर लपकते हैं दामिनी के हाथ
मानो घोंट देने को गला
नभ-मार्ग से कंकाल दैत्याकार।

सिर धुन रहे भयभीत लाखों वृक्ष...
जैसे विगत से आती हुई
हैरान आवाज़ें।

बाँधे हाथ पैशाचिक
भयानक रूप काले पास बढ़ते चले आते
घेर कर मानो मुझे पी जाएँगे...।

नहीं,
ऐसे नहीं—ऐसे नहीं—ऐसे नहीं।
जीवन धर्म है—कुत्सा नहीं जो नोच डालूँ,
अधोगति को फेंक दूँ ख़ूँख़्वार कुत्तों के लिए,
या नालियों में लिथड़ने दूँ असम्मानित...।
आत्मोत्सर्ग में तो शान्ति होनी चाहिए,
हिंसा नहीं।
यज्ञ में देवार्पित यह द्रव्य...।

बलि के बाद की वेदी सदृश एकान्त
इतनी पास
जैसे किसी बिल्कुल निजी दुःख को छू रहा हो।
छटपटाता रक्त
जीने के लिए अब नहीं
फट कर फैल जाने के लिए हर दिशा में
जो स्पर्श—लालायित... कदाचित्
समर्पण की इस व्यथा के बाद
केवल मुक्ति हो।

ओ भयानक अपच्छाया
देह के सीमान्त पर तैनात
काली रात, मुझको छोड़ दे,
मैं अजनबी हूँ
भूल से पकड़ा गया हूँ।

यह ठहराव तीखे मोड़ पर
वृक्षों तले
रुककर नदी को सोच लेने दो
कि मैं भागा हुआ बन्दी नहीं हूँ
सिर्फ़, उसकी ही तरह बेचैन मेरी नियति भी अब
महासागर माँगती है।

पहाड़ों की चोटियाँ
काफ़ी ऊँचाई नहीं,
न काफ़ी एकान्त
न प्रकाश,
और न कोलाहल की मारी
थकी, साहसिक उड़ानों को छू जाता-सा
शान्त आकाश।

घेरा। और बड़ा घेरा। घेरे पर घेरा।
ऊँचाइयाँ। ऊँचाइयों के ऊपर की और ऊपर ऊँचाइयाँ।
अँधेरा। आँखों के बाद का जी-तोड़ अँधेरा।

गुम्फित सितारों का बलखाता अन्धड़।
अग्नि-भुजाओं के शिकंजे में
कुम्हलाते हुए हताश डैने,
सरासर शून्य को धुनते,
वृत्त पर वृत्त बुनते,

...गिरते पंख मीचे।
नीचे—और नीचे—एक नाचता हुआ
बलिकुंड—सागर
विसर्जित लहरों की परिभाषा तक आकर।

जैसे कोई सौ गुना बली
चढ़ कर छाती पर खींच रहा हो प्राणों को
लेकिन प्राणी जीवन की अन्तिम शक्ति लगा कर लड़ता हो;
जैसे कोई बेदम पंछी साहस तोड़े
अपने को केवल अन्धकार पर छोड़े जीता-मरता हो।
सहसा नीचे कठोर धरती की चोट नहीं
शीतल जल की कोमल गहराई पा जाए।
मानो भय चरम व्यथा हो—मृत्यु नहीं, वह तो
केवल कोई अद्भुत विराम-सा आ जाए।

सहसा नचिकेता को
समय का आभास जाता रहा।
अन्तिम क्षणों में, बस,

जल का हलका-सा कोलाहल
कानों में आता रहा...

टूट पड़ा कुलिश कठिन अन्धकार।
एक और सूर्य अंश अस्त हुआ।
लुढ़क गया एक शीश क्षितिज पार—
सारा जल रक्त हुआ।

वाजश्रवा

संसार किसी दर्पण में प्रतिबिम्बित माया,
छाया-छाया
टुकड़े-टुकड़े
जिसकी निर्वाक् श्रृंखला में चलता था मन
मानो दृष्टियाँ दूसरों की पकड़े-पकड़े!

दृश्याक्षेप,
जैसे चल-चित्रों भरा हुआ पट सरक पड़े,
कमरे-भर में निरपेक्ष अँधेरा भर जाए।
कोई घोराकृत आस-पास
मानो पैशाचिक अशुभ मन्त्र-सा पढ़ जाए।
जैसे आत्मा तड़पे—शरीर से निचुड़े—आगे बढ़ जाए—
लेकिन टकरा-टकरा कर अपने ही दुःख से
बस, उसी देह के आस-पास ही मँडराए।

जैसे मर्मान्तक एक चीख़ दीवारों तक में गड़ जाए।
जैसे सदैव के लिए स्याह परदा दर्पण पर पड़ जाए।

अचेतावस्था में

तिस्रो रात्रीर्यदवात्सीर्गृहे मे अनश्नन्...

लपलपाती एक छाया—
जो कदाचित् आत्मा थी
—अभी काया-च्युत—
किसी दुर्घटित विस्मृति में बिछलती हुई चलती मन्द
काई के सहस्रों वर्ष गहरे फ़र्श पर।
सिर पर ढुलकती थीं विकम्पित
हरे पानी की छतें—
कुछ पारदर्शी तरल
छन कर बरसता था
एक बुझती रोशनी का पाश
मानो चेतना को—मछलियों-सा—
किसी दूषित मन्त्र से बाँधे हुए...

अँधेरी पड़ती गयी
हर पर्त जल की—तनिक धूमिल, अधिक धूमिल।
काँपती जल-तहों को झनकारता-सा
त्रस्त सन्नाटा

दबाता चला जाता।
अथाहों जल तले दीखी
किसी उजड़े नगर की सिर पीटती परछाइयाँ।
ठठाकर हँसती हुई-सी दैत्य चट्टानें।
गुफाएँ आरियों की तरह तीखे दाँत खोले।
भूँकते ख़ूँख़्वार कुत्तों-सी झगड़ती क्रुद्ध आकृतियाँ।
पवन-सी सरकती जलधार खर-सेवार के निस्तब्ध वन से
हताहत अवयवों का बेचैन हाहाकार।

एक निष्फल प्रगति का आभास।
सहसा उन्हीं परवश क्षणों में
यह बलवती इच्छा
कि मछली हुआ होता,
भार जल का बँधा पाँवों में भयानक बेड़ियों-सा
काश, हलका...

आह, हत मन पुनः सो जा
नींद यदि आये।
विश्व का वह रूप सुन्दर
छेक लेता जो तचित मन,
हो सके तो पुनः खो जा किसी छल में।
स्वप्न से बाहर न आ,
मत उतर गहरे,
वहाँ केवल मृत्यु-भय से ढके चेहरे।
दूर तक, बस, दीख पड़ती
एक धुँधली लीक छूटे चरण-चिह्नों की—

और हारी हुई हाँकें
माँझियों की
थरथरा कर जो अचानक विकट चुप में
डूब जातीं नाचती गहराइयों में...
किसे पाऊँ? सभी खंडित, सभी मोहित,
मन्त्र के वश खिलौनों-से चल रहे हैं—
सिर्फ़ चलने की थकन से
विफलता को छल रहे हैं।

कहाँ जाऊँ?
हर दिशा में
मृत्यु से भी बहुत आगे की
अपरिमित दूरियाँ हैं।
किसे अपनाऊँ?
कि अपनी निराशाओं का पार पाऊँ।
कहाँ है वह बाँह, वह विश्वास जीवन-सिद्ध,
जो मुझ भटकते को ग्रहण कर ले
और मृतकों को सहस्त्रों पर्त गहरी
जर्जरित इस सभ्यता के पार पहुँचा दे?

अतीत-बोध

अनुपश्य यथा पूर्वे

ये खँडहरों से ढके साम्राज्य।
ये ईंटों की दरारों से झाँकते सम्राट्।
ये लुढ़के पड़े ढीले खम्भे—
कि समय की सत्ता के अखंड कोदंड?
ये हवाओं में उड़े जाते
किसी के रूप के सन्दर्भ।
ये दुर्द्धर्ष शीश कबन्ध चिल्लाते।
खनकते कवच-कुंडल।
रौंदते अभियान-पथ को अश्व-आरोही।
कहीं नेपथ्य में हलचल
तुमुल आकांक्षाओं के...
क्षितिज के तनिक ऊपर तीर, भाले, धूल...

कैसा खेल लगता!
जीत लूँ चाहूँ
अभी वह अंश—वह कोना
जहाँ ये सब गये हैं

रास्ता करते हज़ारों बार
हाहाकार, जय-जयकार करती भीड़ से।

वे जो थे,
और हज़ारों तरह थे,
और जो बराबर होते रहे,
लेकिन जो होने के अलावा
और कुछ नहीं थे... उनकी भी मृत्यु है
जिन्हें क्षणों की तरह जोड़-जोड़ कर
अथाह समय बीता है।

उन्हीं की तरह यह सब जो है
तब भी था जब वे सब थे
जो मरे या मारे गये।
आज भी वही सब
उतनी ही समाप्तियों के बाद
या उतने ही आरम्भों के पहले।
हम भी उसी तरह तत्पर—कर्मरत—
मानो कभी समाप्त न होंगे
ये सामयिक वार्तालाप।
एक दूसरे से बोलने की कोशिश में
असंख्य आवाज़ें एक दूसरे को पीती हुई—
बेशर्म ज़रूरतें एक दूसरे से रीती हुई—

सहसा, सब कुछ शान्त
मानो किसी गहरे आघात के उपरान्त!

शान्ति एक
जैसे युद्धों के बाद का विवेक...

स्मारकों की भाषा में
वे कुछ कह रहे।
केवल स्मृतियों में जीवित,
युगों की थकान से पस्त,
दीवारों पर फटी दरारें
या फूटी क़िस्मतों की अभागी हस्त-रेखाएँ?
डूबते हुए कुम्हलाये सूरज की तरह
इनमें एक अनुभव है पर ख़ुशी नहीं।
ये स्मारक
अपनी बृहत्तर आयु में मानो
एक नहीं कई एक मौतों का कठिन दर्द सह रहे।

स्मारक?
या संक्षिप्त शब्दों में सार-संकेत?
मार्मिक पंक्तियों के बीच डोलते
शताब्दियों के खोखले प्रेत?
एक और वर्तमान—
एक और संयोग—तत्काल हम फिर
ठीक अपनी समझ के बल
अपने स्वार्थों में नाक तक गड़े हुए लोग।
दुर्भाग्य
कि मैंने वह समझना चाहा जो मैंने जिया।
अस्थायी कामनाओं के ठोस सबूत छोड़ जाने के बजाय
अपनी असारता पर

कुछ इस तरह आश्चर्य किया
मानो जीवन मृत्यु के पहले का बवाल हो :
मरी हुई चीज़ों में समा कर केवल
आत्मा के निकल जाने का सवाल हो।

पत्थरों में टीसती बेचैन चुप्पियाँ
दिशाओं को टटोलती पटी हुई दृष्टियाँ
धधकती रात।
बिल्कुल पास से गुज़रता
भस्म हवा का एक झोंका
दीवारों के आरपार—निश्चिन्त
कि वहाँ कोई नहीं।
आश्चर्य—मेरा वहाँ होना,
मुझमें उन्हीं इच्छाओं का होना
जो अन्धी हैं—सोयी नहीं!

लौटती मुझमें ये स्मृतियाँ
अपनों की—अपनी ही
...वहाँ कोई नहीं।
अब केवल दुखती है
उन ऊबड़-खाबड़ आकृतियों की तितर-बितर
जिनकी असंख्या में
ये आँखें ऊबी भर—खोयी नहीं।

मैं जिनका भविष्य
और समय अपने बिन उनका था।

आज नहीं। आज सिर्फ़
एक हठी प्रश्न मात्र
व्यथा-अन्ध चिल्लाता
वादी-प्रतिवादी सन्नाटों के
आरपार—अभ्यन्तर—"कोई नहीं? कोई नहीं?"

वह हो, या वे सब हों।
यह हो, या ये सब हों।
लाखों यत्न मेरे हैं : मेरे प्रयत्न
और मुझको ही घेरे हैं।
इस घेरे का बाहर—कोई नहीं।

भविष्य-बोध

...प्रतिपश्य तथापरे

दूर कोहरे से
उठती हुई पृथ्वी को पूजता-सा एक दिन।
प्रतिदिन निकट, निकटतर
आते हुए अस्पष्ट चेहरों का विराट् स्वागत समूह
जिसमें मैं डूब जाता हूँ।
कहीं जाते हुए चरणों का कोलाहल,
एक दूसरे को टटोलते हाथों का दीन-स्पर्श,
शोर में तैरती बातें,
बच्चों की चिल्लाहटें—
    मुझे हाथ चाहिए—वत्सल।
    नेत्र—ममता से छलछल।
    आत्मीयता—जिसकी छाँह में चल सकूँ।
    सुरक्षा—जिसकी बाँह में पल सकूँ।
    अमरत्व—जो इन विध्वंस-यात्राओं का
                                साक्षी हो।
    इस रचना के लिए उत्तरदायी एक ईश्वर दो!

पत्थरों की शक्ल ओढ़े सो रही
कुछ परी-छवियाँ मुस्कराती हैं।
ईश्वर के जन्म-दिन पर पृथ्वी
फूलों की लोरियाँ गाती है।
पृथ्वी की अथाह सम्पदा
मनुष्य का प्यार माँगती।
किन्तु वह
आकाश से बिजली को उतार लाता,
पृथ्वी के ऊपर उसे वज्र-सा लहराता।

महलों की रीढ़ में बिजली की शक्ति दौड़ती,
और वे जी उठते
अजीब-अजीब अमानुषिक कलाओं में,
जिनकी दीर्घायु में जीवित मनुष्य
पागल-सा लगता है।

कम होती हुई साँसों की लम्बाई
बाध्य हो कर मुझे उगल देती
अनेक विकृत आकारों में,
जो मेरी ही तरह किसी
दैवी आशीर्वाद के आकांक्षी हैं,
और मैं वृक्ष से गिरे हुए फूलों-सा
सिसकती पृथ्वी से लिपट जाता हूँ।

धड़कनें—
लगता है मेरी बिछी हुई छाती पर

रथ दौड़ रहे हैं। राज्याभिषेकों और विप्लवों का
एक अनन्त व्यतिक्रम
जिसके जयनादों, चीख़ों और चीत्कारों से
मैं जाग-जाग जाता हूँ :
लेकिन, वन की तरह, अपने किसी रहस्य में
छिप जाना चाहता हूँ।
मुझे कोई न पा सके
इस तरह अपने को पा जाना चाहता हूँ।

आत्मा तड़पती है।
वस्तुओं को विभाजित करनेवाली रेखाएँ अँधेरे में
रंगहीन एकरंग हो
मुझे वस्तुओं के आकर्षण से अलग कर देती हैं।
...और इतिहास मुझे छोड़ कर आगे बढ़ता है...

समय के केंचुल-सरीखा रास्ता।
मार कर खाया हुआ-सा पड़ा
चारों ओर ख़ाली नगर-पंजर...
 लुंज दीवारें...
 सहारे
 डरी, सिकुड़ी पड़ी
  कुछ परछाइयाँ।

रात—
ये भग्नावशेष
चाँदनी के कफ़न में लिपटे हुए-से
किसी ग़ैबी मन्त्र के आघात से मानो
हज़ारों साल गहरी नींद में कुछ बड़बड़ाते...

उनकी ओर से टूटी हुई बातें
अर्थ में—आहूत मैं
उस भूत-नगरी की भयानक चेतना में चीख़ पड़ता हूँ।

मेरा हाथ पकड़े एक बालक साथ।
मेरी उँगलियों में किसी नन्हे स्नेह का संस्पर्श—
"अब घर चलो..."
मेरे लिए ज़िम्मेदार उसका प्यार,
उसके नेत्रों की सरल जिज्ञासा,
जहाँ मैं पुनः अपने भविष्यों में दीखता हूँ—
    उपस्थित,
    उपलब्ध,
    पूर्ण आश्वस्त।

क्षण-भर ममत्व की स्मृतियों में
विश्राम मुझे कर लेने दो!
कण-कण की पीड़ा से मेरी
कातर आत्मा को लिपट-लिपट रो लेने दो!

ये रज-कण अब भी मरे नहीं
इनमें जी उठने की मानो क्षमता गहरी :
इस मिट्टी में
अब भी जीवन की गन्ध भरी।
इसमें अगणित संसारों का अवसान उदय,
स्पर्श पुलक यह अमृतमय
        क्षण-भर मुझको—

पर, आह
नहीं थम पाते मेरे तरल पाँव।

जल का झोंका...
पीछा करती आवाज़ों का रोना-धोना,
हत्यारे हाथों का समीप—बिल्कुल समीप—
आते जाना। बेदम पाँवों का घुटनों से टूटापन :
बढ़ने की कोशिश करना
पर धँसते जाना।
दलदल की तरह धसकती धरती
छूते ही लगता
मानो उठती कराह।
छाया है चारों ओर विषैला लाल धुआँ।
पानी पर बहता कुहरे का
ढीला प्रवाह

यह किसी गुफा का मुँह।
बजती-सी सन्नाहट, "अन्दर आओ—
अन्दर आओ—"
यह किसका यन्त्र-स्वर
अनन्त आदेश कहीं रटता है?

दस्तकें... और दस्तकें...
किन्तु लोहे का जड़ा कपाट
नहीं हिलता है।
यह प्रहरी
पत्थर के दानव-सा डटा
नहीं हटता है...

"अन्दर आओ—अन्दर आओ—"
यह ज़िद्दी स्वर
क्यों बार-बार
इतना अधीर हो उठता है?...

यम

वक्ता चास्य त्वादृगन्यो न लभ्यो...

यह कैसी खंडित छाया
मेरे साथ-साथ चलती है?
ये आँखें हैं या अग्नि-कुंड?
या आधी रात कछारों पर
दो साथ चिताएँ जलती हैं?

यह किसके चलने की आहट
आगे-पीछे, दायें-बायें... आती-जाती?
किसकी छाया के पड़ते ही
हर चीज़ तुरत कुम्हला जाती?

अपशकुन।
घसिटते हुए पैर।
पाँवों में घावों के निशान।[1]

---

1. पुराणों में एक कथा इस प्रकार है कि एक बार यम ने क्रोध में अपने पिता की दासी, छाया पर पद-प्रहार किया जिससे क्षुब्ध उसने यम को शाप दिया कि उनके पाँवों में फोड़े हो जाएँ। बाद में पिता के अनुरोध से यम शापमुक्त हुए। यम का नाम, इसीलिए, कहीं-कहीं 'शीर्णपाद' भी मिलता है।

यह लुंज-पुंज आकृति जैसे
अधमरा साँप लहूलुहान।

यह संशय—पशु है? या मनुष्य?
या इसमें केवल ज़हर भरा?
यह स्वयं मृत्यु है?
अथवा मृत?[1]—
या दोनों का अनुभव गहरा?

ये हाथ नहीं
हत्या के निर्मम यन्त्र मात्र—केवल प्रहार।
दो वधिक इशारे
जीवन की गरदन के ऊपर बार-बार।

क्या वन की हरियाली पर यह
सन्ध्या का ताज़ा रक्त
लाल अंशुक-सा मुझको दिखता है?—
या किसी महादानव का शव है हरा-हरा
जो नहीं जलाये जलता है?[2]

तप रहा अँधेरा बिना ज्योति।
यह किसकी गर्म साँस
लपटों-सी झुलसाती?

---

1 यम को प्रथम मृतक भी माना गया है, जिसका अनुसरण करने के लिए हर प्राणी बाध्य है।

2 यम का शरीर हरा और वस्त्र लाल माना गया है।

लगता है
दैत्याकार जी उठा यह जंगल;
मुझको घेरे यह
अम्बर को विस्फार, पार तारों के
रीता हुआ समय,
यह समय नहीं—साकार एक बीतापन,
अपरम्पार प्रलय...

ऐसा तो नहीं कहीं यह सब
मेरे ही मन में छिपा चोर
मेरा भय हो?
कोई विषाक्त मानसिक रोग—
कोई कीड़ा जो मुझमें था
बढ़ कई गुना
अब विषम परिस्थितियों में बाहर निकला हो?
अपना विकार
जिसको मैंने ही उगला हो?
पागलपन में अपने ही को दे डाला हो
कोई विनाश का कठिन शाप...,
मानव हो कर मानव के ही विरुद्ध मैंने
कर डाला हो कोई जघन्य अक्षम्य पाप?
यह मृत्यु-मूर्ति—
साक्षात् मृत्यु—
समवेत मृत्यु—
जीवित ही द्वारा निर्मित हो
जीवन को खा जानेवाली?

यह बुद्धि—
कल्पना—
शक्ति—
    हमारी ही
    हम पर ही आफ़त बन आनेवाली?
पर, नहीं :
क्रूर ही नहीं
दिव्यता भी है इसमें।
कहीं-कहीं करुणा भी... और वेदना भी...

वे ओठ हिले
मानो कुछ कहना चाह रहे,
पर बोल न पाते हैं सहसा, निःशब्द
बोलते लगते-से।
ठहरी आँखों में कभी-कभी
गति के आभास छलक आते :
निश्चेष्ट पुतलियों के वीरान हाशियों में
डरते-डरते
जीवन के चिह्न झलक जाते।

वे शब्द नहीं—केवल प्रयास।
भाषा की केवल गूँज मात्र।
कुछ अर्थ
शब्द-सीमाओं से बाहर के भी
पहुँचाने का निष्फल प्रयत्न।

नर-मुंड एक सर्वज्ञाता
कुछ बतलाता!

मानो शताब्दियाँ बीती हों
जिस मुँह को केवल चुप रहते,—
पाषाण-मूर्ति
केवल निरीह जीवन की
प्रतिक्षण बलि लेते,—
सहसा विचलित हो उठे। लगा ऐसा मानो
उस काई-जमी शिला ने
अपने जकड़े मुँह को खोला हो :
कल्पों का गहरा मौन तोड़ उस पल
अस्ताचल बोला हो...
मानो
सहसा आक्षितिज कड़क कर
बिजली ने छू लिये प्राण...।
खड़का ढीले दर्पण-सा—
डरकर समा गया
प्राणों में चिटका आसमान!

लगता था मानो कहीं काल
विपरीत मन्त्र पढ़ता जिससे
पृथ्वी अपना मुँह खोल-खोल
मुर्दों को उगले देती थी,
ख़ाली जगहों में बढ़-बढ़ कर
ज़िन्दों को निगले लेती थी!

मैं महाकाल-संहार रूप—
मैं महासमर
युग-युग से चलते युद्धों का
प्राथमिक और प्रतिशोध रूप :
मन की अशान्ति,
क्रूरता,
ध्वंस...
मेरे असंख्य अवतारों को
प्रत्येक इकाई के अन्दर
दो बीच
और बहुतायत से
देखा तो होगा, नचिकेता?

लेकिन मैं केवल घात नहीं;
वह तो जीवन ही से पैदा
कोई जीवन-नाशक विकार!
प्रत्येक पुराने पर विराम,
मैं प्रारम्भिक रचना-क्रम भी...

प्राकृतिक शक्तियाँ वश में हों—
ऐसी भी शक्तियाँ मनुष्य में हों।
देवता प्रसन्न हों यज्ञ-भाग से,
मनुष्य की भक्ति और अनुराग से...

शक्तिशाली प्रकृति मेरे अनुकूल हो—मनुष्य कहता—
मुझे समृद्धि चाहिए—

वंश की वृद्धि चाहिए—
यश, प्रसिद्धि चाहिए—
स्वर्ग की निधि चाहिए—चाहिए—चाहिए...

बोल नचिकेता, तुझे क्या चाहिए?

जिज्ञासा

...नान्यो वरस्तुल्य एतस्य कश्चित्।

''ले ले मुझसे अद्वितीय यह जीवन
दूना सुखमय वापस।
ज्ञान कठिन ज़िम्मेदारी है।
जी ले पहले नयी वयस!
—श्रम, साधना, अनिश्चय, चिन्तन, मनन, खोज
जिज्ञासाओं में
अकसर उदासीन जीवन व्यतीत हो जाता,
खोज सत्य की करनेवाला
बहुधा उसमें ही खो जाता।''

''सुख, सुविधा, विश्राम... नहीं
कुछ और ध्येय है।
कभी-कभी लगता
यह जीवन अपरिमेय है
समा नहीं पाता जो दैहिक स्वप्न-परिधि में।
जाग-जाग पड़ता अकुला कर
अपनी माँदी तृष्णाओं के
झूठे जग से धोखा खा कर...

''हँसमुख छलनाओं के मति-मोहक इंगित पर
भटक-भटक मन टूट चुका।
बार-बार वरदान न दो वे
जो मुझको स्वीकार नहीं।—
वही विमूढ़ व्यर्थ जीवन फिर?
वह पागल संसार?—नहीं,

''यौवन से सन्तुष्ट न होतीं
जीवन की परिभाषाएँ
पकड़ नहीं वह—स्पर्श मात्र है,
एक नशा-भर—जिसके साथ-साथ चलती हैं
गहरी आत्म-निराशाएँ।
जीवन पूर्ण कृतार्थ न होता
इन ऐन्द्रिय आभासों से।
कुछ है जो असिद्ध रह जाता,
अपमानित-सा होता
जैसे तर्क अन्धविश्वासों से।
जो कुछ अब भी पा सकता हूँ
मुझको मिला हुआ था। दूना उसका?—
जिससे तन-मन इतना थका हुआ था?

''अभी और कितनी दृढ़ता से
मुझे विमुख होना होगा?
किस तरह मरूँ?
ये सरल प्रलोभन कब तक मुझे न छोड़ेंगे?
कैसे निर्जीव वस्तुओं के आकर्षण से
छेंकी आत्मा को मुक्त करूँ?

किस तरह कहूँ—
"यह मन अशान्त है
हिंसा के पागलपन से।
कब तक विडम्बनाओं से हृदय न ऊबेगा?
यदि यही बुद्धि की दशा हमेशा बनी रही
तो स्वर्ग मिलेगा नहीं
मिला तो डूबेगा!

"मुझको इस छीनाझपटी में विश्वास नहीं।
मुझको इस दुनियादारी में विश्वास नहीं।
हर प्रगति-चरण मानव का घातक पड़ता है।
हम जीते आपा-धापी और दबावों में।
हम चाहे जितना पायें कम ही लगता है
कुछ ऐसी रखी है तरकीब स्वभावों में।
यह दुनिया—यह भविष्य—
तुमको सादर वापस।
मिल सके अगर तो
एक दृष्टि चाहिए मुझे—
जीवन बच सके
अँधेरा हो जाने से,—बस!"

श्रेष्ठ का वरण

श्रेयो हि धीरोऽभि प्रेयसो वृणीते...

छा गयी उसी क्षण मानो गहरी शान्ति
जिस समय नचिकेता ने अडिग
ज्ञान का वरण किया।
जिस पल शरीर की माँगों को स्थगित किया,
माना—
जीवन केवल सुख की साधना नहीं।
वह दिव्य शक्ति—
अनवरत खोज
अनथक प्रयास
वह मुक्ति-बोध,
उसको पशु-सा केवल तन से बाँधना नहीं!

जो केवल तन से जिया
मूर्ख वह
तन के मरते मरता है।

हम वस्तु नहीं हैं—वस्तु स्थित।
सुख का पीछा
जैसे अपनी दुम का पीछा करता कुत्ता—
वह स्वयं स्वयं में अनुपस्थित!

वह वरण नहीं
मानो खो देना था अपनी पहचान एक।
आकार एक
जैसे आकृति की शर्तों से बाहर आये,—
सन्दर्भ-रहित,
पूर्वानुरागों से टूटा अस्तित्व, किन्तु
अपने को सिद्ध न कर पाये।
नभ में भटके,
जल को थाहे,
क्षण में
त्रिकाल जीना चाहे...
लेकिन अपने को पुन: न सीमित कर पाये।

सारथी बुद्धि

बुद्धिं तु सारथिं विद्धि...

जीवन सम्बन्धित शरीर से
पर शरीर-सापेक्ष नहीं है।
जैसे गतिमय वस्तु
गति नहीं,
किसी अपरिमित के अनुभव का
परिमित में संयोग मात्र है।

सुख-दुःख की अनुभूति भिन्न
जीवनानुभूति से।
वाहन से
वाहक का मूल उद्देश्य अलग है।

व्यक्ति दास ही नहीं देह का
स्वामी भी है।
अनुशासित ही नहीं
मुक्त अनुशासक भी है इच्छाओं का।

लक्ष्यहीन ऐन्द्रिय विचरण तो
साधन का उपयोग नहीं—उपभोग मात्र है।

चिन्ताशील,
स्वतन्त्र,
संयमी
कर्मठ मानव के उपाय से
खनिज परिस्थितियाँ जीवन की
दिव्य रूप हो सकती हैं।

केवल भौतिक शर्तों पर ही
जीवन कोई सान्त्वना नहीं।
वह जीना मरने से बदतर
जिसमें कोई वैशिष्ट्य नहीं—कल्पना नहीं।

केवल शरीर के भोगों को दोहराने से
पूर्णता नहीं मिलती
बस, मन भर जाता है।
जीवन कृतकृत्य नहीं होता,
यौवन-मद भीगा तन
केवल गर जाता है।

विश्वासों से
या किसी विचित्र तर्क से ही
जीने को कोई अर्थ दिया जा सकता है

इतना विराट्
इतना सुन्दर
इतना असह्य
जो शायद केवल मृत्यु तले
सन्दिग्ध क्षणों के बीच जिया जा सकता है!
जो बाधित नहीं मृत्यु से
बल्कि आकलित हो।
यदि पीना ही हो ज़हर
उसे दो तरह पिया जा सकता है—
डरते-डरते
मरने से पहले ही मर कर :
या उसी चरम भय से
कोई अन्धा बल पा,
जीवन से भी ऊपर उठ कर...!

तुझको अपनी
घोरतम निराशा से ही बल लेना होगा।
मृत संस्कारों से अपना जीवन ख़ाली कर
उस ख़ाली-पन को नया मर्म देना होगा।

केवल शरीर के लिए नहीं
तुझको शरीर के बावजूद जीना होगा!

सृजक-दृष्टि

...न त्वा कामा बहवोऽलोलुपन्त।

केवल सुख से ही अब तू सन्तुष्ट न होगा
तुझको मूल रहस्य
—नया विश्वास चाहिए।

तुच्छ देह—
दैहिक अनुभव की मर्मान्तक चोटों ने
तुझमें भर दी है विकराल तिक्तता।
असमय तेरे राग-बोध में
समा गयी है महाकाल की विकट रिक्तता।

इस प्रतीति के बाद
असम्भव है अब तेरा
दैहिक-दैनिक स्तर पर जीवन जीते रहना।
तुझको मर्त्य नहीं
अमर्त्य का तोष चाहिए!

तेरे भीतर घिरा अँधेरा
दूर न होगा सूर्य, चन्द्र से।
तुझको अपने भीतर
नया प्रकाश चाहिए।

अब यह जग पर्याप्त नहीं है।
यह प्रदत्त संसार
तुझे स्वीकार नहीं है।
अपना कुछ विशेष
अब तुझको रचना होगा,
अपने ही भीतर उठते
इस महाप्रलय के
अन्धनाश से बचना होगा!

तुझमें अब कृतित्व का कारण—
कारण को आकाश चाहिए।
तुझमें स्रष्टा की व्याकुलता,
उसको एक विकास चाहिए...

पाल-पोसकर बड़ी की गयी इच्छाओं से
अब तू ज़्यादा बड़ा हो गया।

तू वह अतृप्त है जिसने
जीवन को मथ डाला है—

जिसने सपनों से जग कर
उनको देखा-भाला है
वह आलोचक है
जिसने दुनिया के दोष निकाले
उस निर्माता का हठ है
जो शायद मतवाला है!

तेरी आँखों में अक्षय जीवन की
एक ललक है। वह दिव्य भाव—इन्द्रियों परे—
जिसकी नश्वर में केवल
फीकी-सी एक झलक है।
जग एक सुखद सपना है
कुछ सीमित निद्राओं-भर...
पर तू असंख्य आँखें है,
(आकाश भरा तारों से) जो
सदियों से अपलक है!

तू वह चिन्तक उपवासी जो एकाकी रह सकता।
वह निश्चय
जो जीवन-भर
पीड़ाओं में जी सकता।
वह उद्वेलित सागर जो

भरपूर भरा जीवन से,
पर सूना-सूना लगता।

कोरे तत्त्वों से घेरी चेतना
अनाम कृती की।
त्यागे अपूर्ण जीवन को
जिज्ञासा एक व्रती की।

हो सकता है, नचिकेता,
तू खोजे किन्तु न पाये
(जीते जी देख न पाये)
वह दुनिया, इससे अच्छी,
अपने अज्ञात कृती की।

आत्म-शक्ति

पराञ्चि खानि व्यतृणत् स्वयम्भूस्तस्मात्पराङ् पश्यति नान्तरात्मन्।

''नचिकेता, तू केवल
इन्द्रियों की अपेक्षा ही उदास है।
उस अव्यय आत्म-चेतना को पहचान
सच्चिदानन्द रूप
जो शुद्ध ज्ञान है : तुझसे दूर नहीं
तेरे ही आस-पास है।

''यह तुझसे उत्पन्न हुआ संसार
स्वप्न है तेरा ही
तेरी इच्छाओं का विकास है।
तेरे आत्म-बोध से छनती हुई ज्योति का
ख़ाली पट पर एक अनर्गल छाया-नर्तन।
उससे मत अधीर हो,
केवल मन को कर संयमित
उसे तू नया अर्थ दे—नया माध्यम
आत्म-शक्ति पर निर्भर हो कर।

"तू पाएगा—
बाहर के इस अन्धकार से
कहीं बड़ा भीतर प्रकाश है!
तेरे होने और न होने का
बाहर से अधिक पुष्ट
भीतर प्रमाण है।
उसे सिद्ध कर
तू पाएगा—
वहीं स्रोत है
वहीं मुक्ति है
वहीं त्राण है।"

आत्मा की स्वायत्तता

यच्छेद्वाङ्मनसी प्राज्ञस्तद्यच्छेज्ज्ञान आत्मनि।
ज्ञानमात्मनि महति नियच्छेत्तद्यच्छेच्छान्त आत्मनि॥

एक समाप्ति
सारे अस्तित्व की इति नहीं।
स्थूल की क्षति
सार की क्षति नहीं।

तुझसे प्रमाणित यह जीवन
तेरे न होने पर भी होगा।
तेरी आवश्यकताओं से अर्थित—
तेरे संयोग से अनुप्राणित—
तेरी वाणी से उच्चारित—
तेरे कर्मों से चरितार्थ—
सम्पूर्ण विश्व-बोध
सहस्रों वस्तुगत आभास
तेरे बाद भी जन्म लेंगे
तुझे एक संज्ञा देंगे
और तुझे अपने अन्तों के

प्रत्येक असन्तोष से
फिर शुरू होना पड़ सकता है।

लेकिन तू आत्मा की
एक ऐसी स्वायत्तता बना
जिसमें जीवन को
वस्तुओं के शासन से मुक्त जी सके।
जहाँ अपनी इच्छाओं के अन्तर्विरोधों से
समाप्त होकर नहीं—उन्हें समाप्त करके
जीवन को कोई सन्तुष्ट अर्थ दे सके।
मरने से पूर्व
उऋण हो सके
उन सबसे जिनकी अपेक्षा
तू जीता या मरता है!

मृत्युमुखात्प्रमुक्तम्

अङ्गुष्ठमात्रः पुरुषो मध्य आत्मनि तिष्ठति।
ईशानो भूतभव्यस्य न ततो विजुगुप्सते॥

मैं तुझको जीवन फिर से वापस देता हूँ।
वह ज़िम्मेदारी
फिर से तुझे सौंपता हूँ।
मैं आदि अन्त की तुलनाओं के बिना तुझे
जीवन-धारा में पुनः बहाये देता हूँ।...

परिवर्तनशील
असिद्ध
वही संसार पुनः...
तू सक्रिय समय
शक्ति
चिन्तन,
मैं तुझमें निहित
परिस्थितियों का सही ज्ञान।
तू रचनाशील
चेतना का कण-कण में प्रसार।

तू यही समझ कर जी
तुझको फिर मुझ तक वापस आना है।
तू मेरा है।
श्रद्धा के किसी पूत क्षण में
तूने अपने को स्वेच्छा से
निर्लोभ
काल को सौंपा है।
तेरा भविष्य अब मेरा है
तुझको भविष्य के लिए
इस तरह जीना है
मानो वह मुझसे प्राप्त हुआ है तुझको।

मृत्युमुखात्प्रमुक्तम्

न जायते म्रियते वा विपश्चिन्नायं कुतश्चिन्न बभूव कश्चित्।

किसी सदियों दूर अन्धी कन्दरा की
लोप दूरी सितारों के बीच खोयी...
और दोनों ओर रखी
मूर्तियाँ कुछ—
दृष्ट से अदृष्ट तक
निक्षिप्त लाखों मूर्तियों... की दूरियाँ...
छायाभ—छायाभास—का आभास—आगे शून्य से आगे...

सबसे समीप थी
वाजश्रवा की उदास मूर्ति।
फटी हुई अपलक आँखों में
अधूरी मृत्यु।
जीवन के अन्तिम रहस्य को सहसा
पा जाने का गहरा अचम्भा।
अन्य—सदियों मृत—उदासीन चेहरों की अपेक्षा
केवल उदास। सबसे कम मृत,
उस रेखा के पास जहाँ

जीवन तो छूटता
किन्तु जीवन से मोह नहीं टूटता।

नचिकेता को लगा
वह प्रतिमा अभी मरी नहीं,
न कठोर हुई,
न उसमें काल की अनन्तता व्यापी है :
उसमें अपनत्व की
एक सघन व्यथा अभी बाक़ी है—
वह अगाध ममता जो
जीवन की साक्षी है
महाशक्ति
सृष्टि-बीज
जो घसीट ला सकती चाहे तो
मृत को भी मृतकों की घाटी से,
जड़ को भी
धरती की अन्तरतम छाती से!

उन व्यथा-पटी आँखों की
टँगी हुई पुतलियों में
नचिकेता की अन्तिम सन्ध्या की उदासी थी।
मानो उस दर्द को
बीते नचिकेता ने एक बार
जीते वाजश्रवा ने बार-बार सहा हो...

सहसा भर आयीं नचिकेता की आँखें फिर,
जैसे वह अभी तक न जीवन से टूटा हो।
जैसे मन गहरे अँधेरे को चीर-फाड़
ऊपर को खिंचता हो।
जैसे वह अंग हो प्रतिहत वाजश्रवा का
अभी भी, कट कर जो मरा नहीं,
मूल की तड़प से तड़पता हो!
और आगे
पिता-तुल्य कुछ परिचित आकृतियाँ।
और आगे
रुकी हुई भावहीन मुद्राएँ...
चेहरे
विलीन
एक सूनापन चेहरों-सा
मानव-कुटुम्ब
एक धागे में—
धागा-भर
बहुत दूर जा कर अशेष एक ज्योति-पुंज
अंकुर-सा।

अन्धकार
अन्धकार
घटाटोप अन्धकार।
एक बीज अकुलाता
आदिम अँधेरों में...

स्वप्नान्त

स्वप्नान्तं जागरितान्तं चोभौ येनानुपश्यति...

यह कैसा कोलाहल है मेरे आसपास?
ये लोग मुझे क्यों घेरे हैं?
धुँधले चेहरे
परिचित-से
किन्तु अँधेरे हैं।
जल के परदे के पीछे
बहते-बहते-से अस्थिर चेहरे
क्या मेरे हैं?

ये आवाज़ें क्या कहती हैं?
मैं कानों से क्या सुनता हूँ?
यह भीड़ क्यों नहीं छँट जाती?
ये लोग क्यों नहीं हट जाते?

उफ़्, कितनी तीख़ी है असह्य रोशनी यहाँ
आँखों में मिर्चों-सी लगती।

ये लोग मुझे क्यों नहीं अभी सोने देते?
ये मुझे जगाने के उपक्रम—
ये मुझे बचाने के उपक्रम—
क्यों नहीं अभी
निर्विघ्न मुझे सोने देते?

क्या मैं सचमुच ही जीवित हूँ...?
क्या जीवित ही
मैंने जीवन को खोने का अनुभव जाना?
क्या मैं सचमुच ही मरा नहीं—
मरने से भी कोई गूढ़तर मर्म जाना?

क्या सब कुछ खो कर
जो कुछ मैंने पाया है
मृत्युंजय जीवन है
जो वापस आया है?

मैं जाग्रत् हूँ!
इस कोलाहल के आर-पार
प्रत्यागत किरणों की ऊर्जस्वी सन्नाहट,
जड़ताओं तक में प्रवहमान...
मैं जाग्रत् हूँ—
उपराम, अधूरी दुनिया से
आकस्मिक टूटे जीवन का
अविनष्ट भाग

कण-कण में स्पन्दित
पुनः नया
प्रत्यूष और यह पुनर्जन्म...
मैं जाग्रत् हूँ—
सम्पूर्ण बोध
हो चुका काल को जो अर्पित
जीवन में वापस आया
वह शोधित प्रसाद,
मैं
सभी दिशाओं में प्रति क्षण
उत्पन्न
विभासित
आरम्भित,
अनुसृष्ट नहीं—स्रष्टा स्वरूप
लाखों निर्माणों में गलता-ढलता
कोई अव्यय भविष्य...
मैं जाग्रत् हूँ—
मैं जाग्रत् हूँ—

आत्मविद्

अङ्गुष्ठमात्रः पुरुषो मध्य आत्मनि तिष्ठति।...
अङ्गुष्ठमात्रः पुरुषो ज्योतिरिवाधूमकः...

घेरे प्राण को पिंजड़ा
उमड़ कर चूम लेती दृष्टि
चुप आकाश का मुखड़ा।

जिन हवाओं ने दुलारा
पास से बोझिल चलीं कुछ,
दर्द को दे कर सहारा।

छटपटा कर एक सूनी रात
कटती।
आत्मा पर
किसी पैनी किरण का आघात...

बलि के रक्त से
आकाश, पृथ्वी, दिशाएँ
सब लाल।
फैला क्षीण दंग प्रकाश।
सहसा घना होता रक्त।
जमकर निकलते आकार।
दिखते पृथक्—पर संयुक्त।

नींद।
गहरी नींद।
थकती पलक—
मानो सह न पाती हो
सहस्त्रों सूर्यों की झलक...

पूर्वापर

नैषा तर्केण मतिरापनेया...

हम शायद अपने संकल्पों में बचते हैं।
वे प्रतीक—अनुष्ठान
जिनको समझने में
युग के युग बीते हैं...
शाश्वत संकेत मात्र जीवन का,
इसीलिए हम शायद
जीवन को स्वयं-सिद्ध जीते हैं।

वह जूठन ही सही
हमने जिसे पाया है,
किन्तु वह प्रसाद है
देवतुल्य पितरों का अमर आशीर्वाद...
अनुक्षण जिस ताज़ी अनुभूति में
उनके अवतारों को
हम धारण करते हैं :
उनके संसारों को
हम जीवित रखते हैं।

धर्म तो वह भी है
जो कुछ निभ जाता है।
कर्म तो वह भी है
जो कुछ हो जाता है।
लेकिन वह समयजात एक आत्म-दीक्षा है
जिससे हम जीवन का ख़ालीपन भरते हैं।

आदि अन्त मूँद कर
जिसने हमें संशय में डाल दिया
क्या कभी उसको भी
हम समर्थ दिखते हैं?
यह आदेश कि हम रुकें नहीं—
यह आदर्श कि हम थकें नहीं—
क्या किसी लक्ष्य की पूर्ति-सी लगती है?
अथवा
हम जीवन-भर
इस भ्रम में जीते हैं
कि जो कुछ हो जाता है—हम उसको करते हैं,
जो कुछ सह जाता है—हम उसको सहते हैं...

इस विभ्रम से विशिष्ट
एक और दुनिया है
केवल निर्माता की
जिसमें हम बार-बार नये जन्म लेते हैं :
झुठलाये जीवन को फिर साबित करते हैं :
कोरे भविष्यों को संस्कार देते हैं।

सृष्टि-बोध

यः पूर्वं तपसो जातमद्‌भ्यः पूर्वमजायत...
अरण्योर्निहितो जातवेदा गर्भ इव सुभृतो गर्भिणीभिः...
यतश्चोदेति सूर्योऽस्तं यत्र च गच्छति...

वह अनुभव जिसे मैं जी चुका
एक जीवन था।
वह जीवन जिसे मैं मर चुका
एक रोमांचकारी अनुभव था।

जागृति यह—
सृष्टि के आरम्भ वाली शान्ति जैसे।
रोशनी की एक भोली खलबली से भर
चिटकता क्षितिज—
जैसे अप्रकट संकल्प का कोई अजन्मा बीज
उर्वर धरा के प्राणद रसायन में
अचानक मुक्ति का संकेत पा कर
सिर उठाये : विस्तरित हो
किसी आतुर सृष्टि का
दुस्साहसी अंकुर... स्वयं घोषित

अनिश्चित आदि-घटना
किसी भावी के लिए तैयार!

जागृति यह—
जो मुझ ही से
ज़िन्दगी को छीन
मुझको ज़िन्दगी को सौंप देती है।
उस भयानक रात्रि को मानो
नया तात्पर्य देती है।
कि जैसे उस निशा में
कहीं कोई चेतना-सी गुप्त
भावी को बराबर घेरती थी—घटित होने के लिए,
अति शून्य से
अति रूप होने के लिए!
रात मानो
उन रहस्यों की अँधेरी मन्त्रणा थी,
सूर्य उस षड्यन्त्र का कोई सफल विस्फोट है।

पूर्व-परिचित चेहरों-से वे सितारे
रात की स्वप्नान्त मौतों में
मुझे सोने न देते... ज्योति के संकेत
अगणित सूर्यों की शपथ खाते—
'अभी दिन होगा तुम्हारा
क्योंकि तुम
निर्माण की ईश्वर-व्यथा में
जागते हो!'

एक ही आलोक के विस्तार में आँखें
क्षितिज तक
पुनः निर्मित सृष्टि को
पहचान लेतीं।

शब्द—
पहला शब्द—
हर व्यक्तित्व
अपनी सृष्टि के सारांश में
अणुवत् अकेला है।
उसे सन्दर्भ देना है!

रसायन पूर्ण मिट्टी में
जगाती प्राण
रस-सिद्ध सूर्य की किरणें।
तपे कुन्दन सरीखे
चमकते आकार...।

सौन्दर्य-बोध

एक अद्‌भुत प्रेरणा-सी
सूक्ष्मतम अनुभूतियों में डोलती है,
राग के गन्धर्व
रस के दूत
हाहाकार में भी सुरक्षित,
संवेदना सौन्दर्य के प्रति खोलती है।

हंस शुचिता
प्रकृति उज्ज्वल
चित्र-सी मानस हृदय पर,
किरण गीले रंग भरती
नृत्य-लय पर,
बुद्धि
जीवन-सत्य के कुछ श्लोक शाश्वत खोजती-सी
भूमि पर पहले-पहल मनुष्यत्व के तेजस् उदय पर।
कल्पना
उस शिशु-जगत् की लोरियों में ऊँघती है।
बाल-मानवता
धरा के अंक में लेटी हुई-सी,

या कमल के पालने में
एक तितली झूमती है?
उस हलाहल अतल तम को
सोखती शिव-जगमगाहट।
वह प्रकृति के ओठ पर
ऋतजा अकुंठित मुस्कराहट।
वह प्रथम आश्चर्य का निर्दोष ब्रह्म-मुहूर्त
जिसमें
देवताओं के अमर संसार की
उत्फुल्ल आहट।

बेझिझक सुख-बोध
जिसकी वासना में वन्दना थी
वह निडर संसार
जिसकी आस्था में निहित
दैवी मन्त्रणा थी,
सूर्य को कन्दुक बना कर
खेलता था नृषत् ईश्वर,
और पृथ्वी
स्वस्ति-चिन्ता किसी माँ की
अटपटाती अर्चना थी।

शान्ति-बोध

ऊर्ध्वं प्राणमुन्नयत्यपानं प्रत्यगस्यति...

सूर्योदय—
एक अंजलि फूल
जल से जलधि तक अभिराम।

माध्यम शब्द—अर्धोच्चरित।
जीवन धन्य हूँ।
आभार—
फिर आभार।

इस अपरिमित में
अपरिमित शान्ति की अनुभूति।
अक्षय प्यार का आभास।

समर्पित मत हो त्वचा को
स्पर्श गहरे मात्र...

इससे श्रेष्ठतर मूर्धन्य सुख। जल-बेड़ियों से
कहीं ऊपर।
कहीं गहरे ठहर कर आधार—मूलाधार।
जीवन—हर नये दिन की निकटता।
आत्मा—विस्तार।

मुक्ति-बोध

महान्तं विभुमात्मानं मत्वा धीरो न शोचति।

यह भी सम्भव है
कि अपने और दूसरों के बीच
अनिवार्य अन्तरों को दूर तक सोचूँ
सोचता रहूँ
ध्रुव से विवेचनीय तक,
यहाँ तक कि सारा संसार
मेरी दृष्टि में
सिकुड़ कर तिल बराबर रह जाय,
और इसे जब चाहूँ मूँद कर
अँधेरे में घोल दूँ।

स्वयं अदृष्ट
इसी माया-वस्तु को
बार-बार धारण करूँ—इसी भोग-सामग्री को ग्रहण करूँ—
इससे छूटा रह कर।
अपनी अपूर्व रचना में
एक कलाकार ईश्वर की तरह अनुपस्थित
अथाह समय में जियूँ—

केवल आत्मा
अमरत्व
और आश्चर्य
महाशून्य में निर्वासित,
अपने ही सपनों को बनाता-मिटाता
घातक श्रद्धाओं के बीच—
नैसर्गिक!
अनुपम!
अद्वितीय!

...अपने को हमेशा के लिए
सुरक्षित कर लूँ
दूसरों के सरल आश्वासनों और फूहड़ पहचानों से।
मैथुन
मैत्री
ममत्व
महत्त्वाकांक्षाएँ
क्योंकि इनके अन्त तक आ कर भी
पूर्ण नहीं हुआ।
क्योंकि इनके पूर्व-निश्चित परिणामों में
घटित हो कर भी मरा नहीं,
बार-बार अक्षुण्ण लौट आया हूँ।
क्योंकि इन समाधानों के बीच
चौंक-चौंक कर पूछता रहा हूँ—
''जीवन क्या है?
मृत्यु क्यों?
मुक्ति कैसे?
ईश्वर कहाँ?''

❐❐❐